詹惟中

2020

開運農民曆

作者序

簡化紫微斗數，創造東洋星座 精準預測二〇二〇的禍福吉凶

首先感謝各位讀者們對「開運農民曆」系列長期以來的支持與認同，我們每一年都會針對本書做出新的變化、新的寫法以及新的架構，最主要是希望讀者們都能透過本書去認識紫微斗數的博大精深及其所涵蓋的眾多層面。一般人可能認為紫微斗數太過艱澀難懂，因此我藉由自身多年來的研究，將複雜的紫微斗數做最大的簡化。而紫微斗數的簡化並不代表會降低預測的準確性，重點在從紫微斗數來看流年時，能淺顯易懂、趨吉避凶，何樂而不為呢？

在學習命理的三十年之間，我最大的成就與工作，就是研究如何簡化紫微斗數，並藉由紫微斗數創造了東洋星座，也就是本書中所提到的

「西元生年尾數」的算命方法。藉由本書，希望能將這種算命方式更有效地推廣出去，期盼有朝一日能讓東洋星座與西洋星座並駕齊驅，讓漢族五千年來的智慧結晶可以在全世界大放異彩。

閱讀本書時，首先要先了解到一個重點：西元二〇二〇年，等於「鼠年」，等於中華民國一〇九年，也就是中國傳統上所說的天干地支中的「庚子年」；這些說法都是畫等號的。然而，我們要強調的是，在書中提到的「西元生年尾數」如果是「0」，那天干一定是「庚年」，卻不代表一定是「鼠年」，這是因為在天干地支的學問中，一般人比較喜愛研究「地支」，也就是常說的「子丑寅卯辰巳午未申酉戌亥」、「鼠牛虎兔龍……」之類的，而「地支」配合天干中的「甲乙丙丁戊己庚辛壬癸」，就會形成六十個甲子。

研究紫微斗數的同時，我們要先放棄地支的迷思，把重點放在天干，而十個天干的「甲乙丙丁戊己庚辛壬癸」永遠會和「西元生年尾數」、「民國生年尾數」畫上等號，這時就可以了解到，很多流年命盤會跟著出生的年、農曆生月而形成一個簡化的命盤。

在本年的開運農民曆中，我們將重點放在農曆的「生月」，來了解你在這個流年會發生的愛恨情仇，並且藉由讀者出生的年，來判斷你的財神爺會藏在哪邊。除了簡化之前開運農民曆的解說項目之外，也另外開創了一個撲克牌的每週開運占卜新單元。這也是本書中此次非常重要的創舉。

在中國的八字學中，只會提到年、月、日、時，有年運、月運、時運，卻沒有週運。我們希望能提供給讀者每週的運勢分析，又能與西洋星座做一個相互提升的比較，因此今年特別結合撲克占卜的深奧命理，加上每週生肖運勢的排列組合，藉由五十二個不同的主題，透過撲克占卜的預言，完成了新單元「撲克占卜的每週生肖運勢分析」。希望每一位讀者都可以藉由這個新單元，自己來預測每週的禍福吉凶，並且精準地知道每週的危機、愛情、財富或面臨的困難等等。

「撲克占卜的每週生肖運勢分析」是這次在本書中非常重要的創新，也是為喜歡占卜算命的讀者們帶來新的福音。希望大家在閱讀本書的同時，每週都能創造好運勢、逢凶化吉、遠離大危機，謝謝大家的支持！

詹惟中

二〇二〇鼠年總運勢大預測

二〇二〇年，我們稱為庚子年。「庚」年所產生的斗數四化，稱之為「太陽星化祿」、「武曲星化權」、「太陰星化科」、「天同星化忌」。只要看懂這四顆星產生的微妙變化，就能針對流年運勢來預知一二。

我們所謂的天干，分為「甲、乙、丙、丁、戊、己、庚、辛、壬、癸」，一般人討論的地支，是「子、丑、寅、卯、辰、巳、午、未、申、酉、戌、亥」。在紫微斗數的論命當中，最高深的就是所謂的四化演變。庚年固定每十年輪迴一次，由四顆非常微妙的星產生變化，也就是太陽星化祿、武曲星化權、太陰星化科、天同星化忌。由於古書的記載，把庚年的四化產生不同派別的論調，於是它的四個變化，產生了不同的說法。

基本上大家可以先了解什麼是四化：「化」代表變化，「祿」代表錢財，所以新的一年當中，「太陽星化祿」代表太陽星帶來錢財。「化權」代表變化為有權力，新的一年當中，這顆星就代表著權力的高漲、責任的提升，也代表發揮工作上的才華，讓工作能力被肯定，這就是「武曲星化權」。其次就是「化科」，「科」代表科甲，也就是考試運，當然也代表著人脈跟桃花，在這一年當中是「太陰星化科」。「化忌」中的「忌」代表忌諱，也代表災難與危機，就是我們所說的面臨困難，今年是「天同星化忌」。

接下來，就從這幾顆星的變化來做一個更深入的鼠年預言，藉由千年傳承的紫微斗數，看看每十年遇到的庚年會有什麼變化。

太陽星化祿，化祿代表所謂的財星高照，代表寬闊的大道，代表生機無限；今年是太陽星化祿，什麼叫作太陽星？從醫學角度來看，太陽代表眼睛；從親子關係來看，太陽代表父與子；從工作上來看，太陽代表跟政治、旅遊相關的事業。

太陽本身代表交通和旅遊，所以這一年在交通、旅遊事業上，包括交通設施、旅遊景點的開發與蓬勃成長，都是可以期待的。除了旅遊、交通之外，太陽本身有很多不同的意義，太陽也是我們說的光明財、和樂財、歡喜財，在這一年當中，太陽星化祿有幾個重點可以給大家做一些提醒。

因為太陽化祿造成政治上一片和樂，那些紛紛擾擾的事情會比較和緩。除了這個問題有所解決之外，太陽也代表男性主權，今年懷孕或是今年出生的小孩，會有重男輕女、男多女少的趨勢，所以若是想生男寶寶的夫妻，今年受孕或是生產，得到兒子的機率很高。

太陽星化祿也有一些潛在的好福音，比如太陽本身屬火，往南方走會比往北走更賺錢；紅色比黑色更帶財；白天的工作比晚上的工作更有賺錢的好契機。通常預言都來自可靠的理論基礎與長年累月的統計，只要掌握好太陽星化祿的預言，就可以知道今年穿什麼顏色會增加財運、什麼樣的行業有更好的契機，確切掌握二〇二〇年的好運勢。

太陰星化科，科，代表考試運，也代表功名和桃花，今年是太陰星產生這個變化。太陰代表房地產，也代表母系社會，意即母親、媽媽，從健康角度來看，太陰代表女性的子宮與泌尿系統的毛病。既然是所謂的「化科」，代表有貴人，也就是說，今年患此婦女病症的人，及早就醫的話會有治癒的好機會。另外，在生兒育女方面，母子關係、親子關係、年長的女性，包括女性的社會地位，都會得到更多的肯定。

在房地產方面，當然也包括了不動產，今年的買氣很活絡，成交機率也會大大地提升，這些當然也是因為有貴人的扶持，可能是外資，或是某種法令的改變，使得台灣的房地產市場提升到更好的階段，過去幾年房市如一灘死水的惡運也將慢慢解套。

太陰也代表月亮，月亮代表醫學界，在紫微斗數當中，醫療、醫藥方面有重大的突破跟發明，造成人類生命得以延續，都是一個大好的契機。建議大家，太陰代表水，這一年可以多穿藍色、紫色、黑色，以增加考試運；往北的方向走，會增加更好的桃花；買座南朝北的房子，或是居家擺設魚缸、盆栽，都可以增加好財運。只要掌握紫微斗數與太陰星化科的變化，新的一年裡不管考試運或財運都能有大提升！

武曲星化權，權代表權力、佔有慾，也代表責任心，新的一年當中，武曲星產生這樣的變化後，因為「武曲」代表金融業，也代表股票事業，在紫微斗數當中也代表錢財的心，所以跟金融財富有關的都會產生微妙的變化，對於金錢佔有慾的執著，也會對自我本身的財運有影響。

其次，「武曲」在身體健康方面代表鼻子，要多留意跟鼻子相關的疾病，呼吸道、支氣管、咳嗽這方面的問題會在今年擴散，重大的流感疫情也會惡化，都要有所預防和提防。

另外，「化權」也會影響金融界，導致股市動盪，大起大落，個人或散戶千萬不要有太多的執著，見好就收，獲利了結，否則股票市場當中形成的大動盪，不只是股市危機，差不多是金融小風暴了，很有可能會把你擊沉。在這邊特別提醒大家，與其玩股票，不如添買不動產，比較能夠保住自己的財富。

武曲化權，代表整年度當中金錢糾紛會比較多，也會發生因為錢財遲到而互相訴訟的重大事件，有可能是大筆錢財的搶劫事件，或是國際間的大型詐騙，所以搶銀樓、搶銀行、金光黨、跨國詐騙等等都有可能會爆發。最後，要小心的是，由於這一年的錢財糾紛比較多，小至夫妻、親子之間，會有遺產糾紛發生，大至商界、金融界，易有智慧財產的鬥爭，只要面臨有關理財方面的判斷，都建議你一定要謹慎再謹慎！

最後，祝大家鼠年都平安和樂，找到自己的紫微密碼，時來運轉！

導讀

認識星曜

在本書的開始，先替各位將紫微斗數的每個星曜進行剖析與說明，因為，當你了解這些星曜的特色，就能對於整個流年的運勢，以及它將坐落的宮位，有更深刻的認識。

紫微斗數的星曜，分為三種，首先是「年系星」，指的是某一年出生的人，有哪些星是跟著該出生年來做推算。其次是「月系星」，是以陰曆的出生月份，來安排命盤中的位置。最後，是「時系星」，是依照出生時辰來安排。要注意的是，並沒有日系星。

星曜特性說明——年系星

首先與大家解釋的是年系星。在紫微斗數中常用的年系星，有五個星曜，分別是：羊刃、陀羅以及天魁、天鉞、祿存。每個讀者都擁有這些星，只是因為生在不同的年份，這些星會產生不同的變化與位置，這就是年系星的特色。

例如，二〇二〇年是農曆鼠年，也就是庚年，它的靈動數是0，而其他年出生的讀者，也會有其他的變化。在這裡我們先不談論個案上的差異，先針對上述提到的五個年系星，做簡單的說明與介紹。

首先，是**祿存星**。每個人都有祿存星。祿存星就是錢財星，就如福祿壽喜，「祿」就代表了多金，也代表錢財可期、享受和好福報，也代表吃穿不愁、物慾上的滿足。

羊刃、**陀羅**，也屬於年系星。羊刃星代表迅雷不及掩耳的災難，瞬間會奪走你的身體健康或財富，同時也包括衝突的引爆點，像是非常突發的危機，暴衝、暴怒的行為，都是受到羊刃的影響。

陀羅，也同樣代表災難，但它是慢性的災難，指因為壞習慣所逐漸形成的災難，或是隱藏著、看不見的災難。如癌細胞的隱藏、沒有注意到的慢性疾病，生活習慣上的飲食錯誤，或是與人積怨、慢慢累積，最後帶來不可避免的血光危機。同時也包含憂鬱、多慮、躁鬱……這些情緒的累積，也都是由陀羅影響。

而陀羅位在不同宮位，就代表了不同的災難，舉例來說，如先生的夫妻宮有陀羅，表示老婆容易找他麻煩；陀羅在本命宮，代表有慢性疾病；陀羅在疾厄宮，代表癌症或隱藏疾病。

而有凶就有吉，有好就有壞，另外還有兩顆星曜也屬於年系星，也就是**天魁、天鉞**。這兩顆就是貴人星，而這裡的貴人，屬於年長者、有智慧的、資歷深的前輩，能帶著你逢凶化吉。天魁星通常以男性貴人為主，天鉞星則通常以女性貴人為主，有陰陽的差別。但凡看到這兩顆星入了本命，代表貴氣逼人、氣質風度極好，可能面相上有酒窩，多聽長輩的話，能替你逢凶化吉。

星曜特性說明——月系星

月系星，共有四顆星曜：天姚星、左輔星、右弼星、天刑星。這些星曜是以出生年的農曆生月，如一月、二月、三月等，以此類推來看你的運勢。也就是以出生的月份，來論星曜的坐位。例如左輔、右弼每個人都有，但是一個順時鐘跑、一個逆時鐘跑，又因為出生月份的不同，導致每個人的坐落宮位會不同。

首先介紹**天姚星**，天姚是一顆大桃花星，我們會說「天姚入命、入流年，招手就能成親」。如前述所提，每個人都有這顆星，只是看你出生的月份，坐落的宮位不同。所以許多藝人、政商名流都是看天姚星，來推算出結婚的好時機、好流年。

當天姚坐落在不同位置，你的運勢就會有不同的變化。假設天姚坐落在你鼠年的福德宮，就代表這一年中，你吃喝玩樂、遊戲、運動等活動都可以有好的桃花。若天姚進入本命宮，代表你異性緣非常好，天姚一進入流年，代表該年會左摟右抱，追求者、愛慕者都眾多。

再來，如果一個人的流年中遇到**左輔、右弼**，表示他很會搞笑、很會模仿，笑語如珠，談吐間幽默風趣，十分迷人。所以，有時有些人長得其貌不揚，但人脈卻非常好，異性緣極佳，就可能有左輔、右弼跟著本命。若跟著流年，代表他那年會特別活潑、迷人，思緒非常跳躍。

左輔、右弼也代表平輩的緣分。如果本命遇到，或者流年遇到，多跟平輩接觸，那麼財源就能廣進。最重要的重點，請各位要記得，左輔、右弼表示左呼右應，甚至可說是一呼百應、人脈好，而且代表幽默、風趣，事業有商譽，工作認真，依靠朋友可以打天下，群眾魅力良好。

最後，人都會有生老病死、受傷跌倒等意外狀況，這要看的，就是天刑星。**天刑星**，代表的是血光、刀傷、官司，代表會有很多爭執，以及想法、觀念上的衝突，甚至拔刀相向。而血光，包含剖腹生產、微整形，都屬於可不避的小刀。天刑星坐落本命，該擔心破相，而坐落流年，該年就要注意血光。

星曜特性說明——時系星

時系星，就是與時辰產生關聯的幾顆星，以此來推論我們的未來運勢。包含我們有沒有破財的危機、和親人的感情好壞與否，這些都是可以看出來的。而這四顆時系星，分別是：天空、地劫和文昌、文曲。

天空星，「空」代表突如其來的大破財，例如去賭博卻全盤皆輸，或者股票、樂透全部沒中獎，也就是指太多貪念造成的瞬間破財。地劫，代表慢性惡習的破財，例如說抽菸，看似不大的消費，卻是長期存在、累積、不斷增加的消費；或是慢性疾病，不斷看醫生；或是蒐集成癖，不斷花錢，也包含股票進進出出，漸漸形成的金錢浪費。總而言之，地劫會一直不斷地挖走你的財富。

舉例來說，如果地劫星出現在先生的夫妻宮，先生可能要支付老婆無止無盡的贍養費。如果天空星出現在福德宮，代表你可能一擲千金，豪賭一場，最後導致家破人亡。這就是這兩顆星的特性。

接著，就要介紹這兩顆非常多讀者會詢問的星：**文昌、文曲星**。有很多讀者會想知道讀書運好不好、才華有沒有辦法得到延伸發展，就是看這兩顆星。

文昌，代表有執照的部分。高考、普考、醫生、建築師，這些都屬於文昌。文曲，代表的則是運動、畫畫、雕刻、美術。像張大千是藝術大師，但沒有畫畫的執照，他的才華就屬於文曲。而老師我也沒有命理師的執照，僅能算是特殊才能，也屬於文曲。

舉例來說，如果兄弟姊妹宮有文昌，代表你的兄弟姊妹比你還會讀書。奴僕宮有文曲，代表朋友會找你去吃喝玩樂，帶你進入另一個花花世界，會有口福、眼福、耳福、享福。如果你本命帶文曲，那麼你就是才華出眾，且才藝過人，有特殊才能，可能會去參與奧運比賽，而相關才藝比賽，你都會出類拔萃。

最後，時系星、月系星和年系星的重點，也在此整理給大家：

	福星	須注意
年系星	天魁、天鉞、祿存	羊刃、陀羅
月系星	左輔、右弼、天姚	天刑
時系星	文昌、文曲	天空、地劫

本書對於二〇二〇年紫微斗數的解析，就是依靠星曜的特性去編排，藉由命宮的流年轉變，來算出各位的運勢。祝福各位在新的一年，都能提前掌握自己的運勢，逢凶化吉，平安順利。

Chapter 1

鼠年運勢排行榜

二〇二〇年，旺鼠年即將到來！
究竟新的一年裡哪些人能夠獲得先機、發光發熱呢？
又有哪一些人在新的一年裡需要特別注意呢？
東方星座國師特別針對八大運勢，找出好運前三名，
讓你先看先贏，二〇二〇年好運「鼠」不完！

從天姚星看桃花最多前三名

巳
奴僕宮
6月
No 3
午
遷移宮
未
疾厄宮
申
財帛宮
辰
官祿宮
桃花最多 No.1：農曆出生月份 12 月
主動追求愛情，可能會有閃電結婚的機會！
桃花最多 No.2：農曆出生月份 10 月
被動桃花，不用主動追求就桃花朵朵開。
桃花最多 No.3：農曆出生月份 6 月
會有異地桃花，有嫁入他鄉的機緣。
酉
子女宮
卯
田宅宮
10月
No 2
戌
夫妻宮
寅
福德宮
丑
父母宮
12月
No 1
子
本命宮
亥
兄弟宮

桃花的代表星是天姚星。天姚星屬於月系星，主管魅力與吸引力，具體而言就是代表能左右我們的愛情與姻緣。當天姚星坐落在不同的宮位，就會為我們的桃花運勢帶來變化。如果有想要結婚或是認識新朋友的人，不妨多多留意喔。

從左輔星、右弼星看人脈最多前三名

巳
奴僕宮
午
遷移宮
未
疾厄宮
5月
No 3
申
財帛宮
1月
No 2
辰
官祿宮
酉
子女宮
人脈最多 No.1：農曆出生月份 11 月
一起休閒活動的朋友，有助事業運。
人脈最多 No.2：農曆出生月份 1 月
職場人脈好，業績可期。
人脈最多 No.3：農曆出生月份 5 月
會有合夥財，要多經營人脈。
卯
田宅宮
戌
夫妻宮
11月
No 1
寅
福德宮
丑
父母宮
子
本命宮
亥
兄弟宮

與人脈最相關的星曜，當屬「左輔星」、「右弼星」。同樣屬於月系星的左輔右弼星，象徵著左呼右應，因此這兩顆星的人脈，指的是來自平輩朋友的貴人。當這兩顆星走到你的流年，代表你這一年群眾魅力極佳，朋友貴人源源不絕。

從天刑星看血光最多前三名

巳 奴僕宮
10月 No 3 午 遷移宮
11月 No 2 未 疾厄宮
申 財帛宮
辰 官祿宮
酉 子女宮
卯 田宅宮
戌 夫妻宮
寅 福德宮
丑 父母宮
4月 No 1 子 本命宮
亥 兄弟宮
血光最多 No.1：農曆出生月份 4 月
血光無處不在，千萬謹慎注意。
血光最多 No.2：農曆出生月份 11 月
血光不可避，可藉手術或整型來破解。
血光最多 No.3：農曆出生月份 10 月
易有異地血光，出門在外要小心。

天刑星，代表的是血光、刀傷、官司，在生活中會產生很多爭執，以及想法、觀念上的衝突，甚至拔刀相向。天刑坐落本命，該擔心破相，而坐落流年，該年就要注意血光。包含剖腹生產、微整形等，都屬於不可避免的小刀。

從祿存星看財運最多前三名

尾數 7、9 No 2
尾數 0 No 3
尾數 3 No 1
巳 奴僕宮
午 遷移宮
未 疾厄宮
申 財帛宮
辰 官祿宮
酉 子女宮
卯 田宅宮
戌 夫妻宮
寅 福德宮
丑 父母宮
子 本命宮
亥 兄弟宮
財運最多 No.1：西元生年尾數 3
你就是自己的財神爺，有望以錢滾錢！
財運最多 No.2：西元生年尾數 7、9
把握流年財，大膽跨出去錢才進得來。
財運最多 No.3：西元生年尾數 0
財神爺鎮守財宮，投資獲利指日可待。

祿存星就是錢財星，就如福祿壽喜，「祿」就代表了多金，也代表錢財可期，以及「享受」和「好福報」，也代表吃穿不愁、物慾上的滿足。只要個人流年的祿存星走到好的宮位，就要好好把握這一年財神爺給你的機會。

Chapter 2

2020 年
撲克占卜
每週生肖運勢

新的一年，全新的運勢更要好好掌握！
2020 年全新撲克占卜 52 週，週週有樂趣，人人有驚喜，
哪個生肖有戀愛運？哪個生肖走偏財運？
又有哪個生肖是人氣王？
每週一卜，看看本週的好運王是誰！

1/5 ～ 1/11

本週你有中獎運嗎？

你中過獎嗎？中獎可能是指收到禮物，或是有意外之財；藉由撲克牌的生肖占卜，來了解這段期間的中獎運勢。

牛　財源滾滾　心想事成

中獎機率高到超乎想像，錢滾錢，買什麼中什麼，就算跟異性伸手要錢，也都是心想事成。

龍　感情財佳　把握時機

感情偏財運高。中獎的機緣包括和伴侶一起去買樂透，或是收到對方意想不到的禮物，好好把握！

羊　業績提升　升官發財

黑桃代表權力、職場上的中獎機會。業績提升、無人能擋、左右逢源，人脈好就會升官又發財、數鈔票！

雞　努力不懈　抓住機緣

努力、努力再努力，認真投入，確定方向，就會提升中獎機率，找到中獎的源頭，好好抓住機會。

豬　抓緊確幸　小錢不斷

中獎運勢較小，但不是沒有，屬於小確幸、小驚喜的中獎機運。也有發小財的好機會。

屬牛的人在職場上大有機會。屬龍的人，感情財有中獎機會。屬羊的人，職場上要勇往直前。屬雞的人，多靠自己努力。屬豬的人，可能發小財。其他生肖和上面這些生肖多接近，就有機會中獎！

1/12 ～ 1/18

本週你是萬人迷嗎？

想成為萬人迷，要從哪裡才能得到更吸引人的魅力呢？什麼生肖在這段時間，又能吸引大家的注意呢？藉由撲克牌的生肖占卜，來告訴大家結果。

鼠 有財有貌 魅力滿點

牛 人要衣裝 收穫滿滿

龍 專注負責 努力不懈

猴 悲觀迷惑 重新出發

狗 無往不利 風靡一時

萬人迷指數為美麗與財富堆積而成的，賺到的財富，加上美麗的外貌和裝扮，創造無可抗拒的魅力。

有錢好辦事，畫個眉毛、穿件新衣，用錢財可堆出萬人迷。別人會為你投入、為你付出。

對事業、學業的投入，會讓別人覺得非常有魅力。專注、責任心及才華被肯定，吸引人的指數就會相對提高。職場上不能鬆懈，要更勇往直前地更加努力。

黑梅花代表不迷人，可能會有憤怒、有情緒、有阻礙，很多事往悲觀的方向走，會影響別人對你的喜愛。有迷惑就容易向下沉淪，要重新整理好心情，才不會加深別人對你的反感。

這段期間的萬人迷排行榜最高。不僅迷人，且錢財可期、財富可期。達官顯貴、政商名流、老闆或重要的客戶都有可能為你所迷惑。

1/19 ～ 1/25

本週的心智成熟度

這段期間的心智成熟嗎？智慧有增長嗎？藉由撲克牌的生肖占卜，來看看這段期間的運勢。

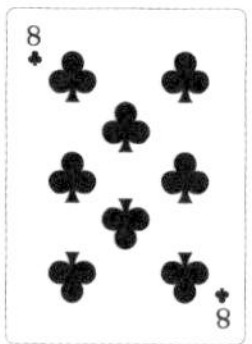

牛

學習受阻
適時紓壓

梅花代表學習能力阻礙、大腦放空。考試運或職場上的發揮，都可能有許多絆腳石。喝喝下午茶、做做運動，才能化解壓力、遠離心智上不成熟的阻礙。

虎

思緒豁達
心想事成

心智、創造、思緒豁達的提升，得以賺取更多錢財。又因為心智成熟、豁達，人脈關係也越來越好，這段期間可說是智慧大開，心想事成。

蛇

開發研究
獲利增長

賺錢方面點子越來越多，自身的思想開發、或對客戶、產品的深入研究，會提升心智成熟度，智慧也會增長，連帶提升了工作或獲利上的增長。

馬

裹足不前
放鬆心情

感情或親情間的罣礙太多，不僅心智不成熟，也有情緒性的想法產生，更影響了人際關係的互動，顧忌太多、裹足不前、綁手綁腳。要心智放鬆，讓自己活得更輕鬆點。

豬

心智不熟
不進則退

心智沒有成長，停在原點。學如逆水行舟，不進則退，不能停在原點，否則會呈現呆滯不前的狀況。

1/26 ～ 2/1

本週你會遇到有錢人嗎？

近富得富，近貴得貴，這段期間你有沒有可能與有錢人接近呢？我們藉由撲克牌的生肖占卜，來瞭解一下這段時間你到底會不會認識有錢人呢？

兔

近富得富
近貴得貴

蛇

感情機運
帶來財運

馬

接近貴人
帶來財富

羊

培養人脈
把握機緣

豬

借力使力
扶搖直上

鑽石代表不但認識有錢人，還是企業團體的主管、大老闆等，不僅會認識有錢的人，還會帶給你更多財富。

不但會認識有錢人，而且是指愛情相關的有錢人，意指帶富貴的伴侶，像是配偶突然變成有錢人。要把握這段時間的好機運。

職場上可能需要權貴的幫忙，權力會轉換成財富。多與政府機關、大公司的主管、負責人接近，多參加活動，因為這些人的權力，會帶來油水，得到更多的財富。

鑽石指的是在工作、生活上帶來更多財富的有錢人，左呼右應人脈好，要把握好人緣、好財運，有錢人就在身旁。

可能會認識有權之人，或許在工作上會遭遇壓力，但認識有權勢之人，借力使力，能提升你的事業、財富，扶搖直上。

2/2 ～ 2/8

本週你會幸福嗎？

幸福代表了愛情之間的承諾、夫妻間的配合是否更加認同，讓我們藉由撲克牌的占卜來預測生肖的幸福指數。

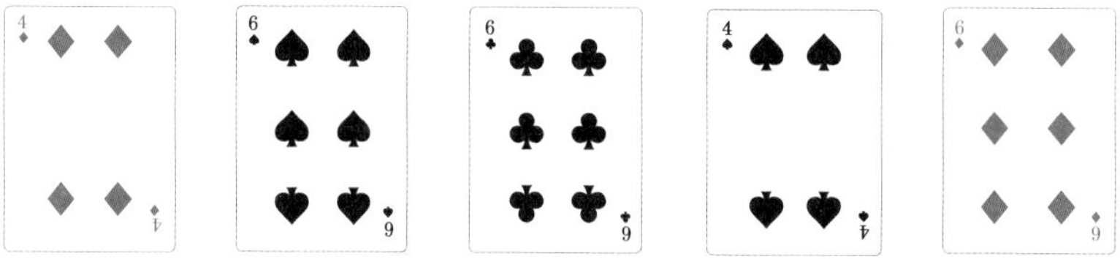

虎 互贈心意 幸福滿分

愛人可能會贈送禮物給你，不論大小都有其價值。財富也會增加幸福。花點小錢送禮物給對方，幸福指數就會一直向上提升。

兔 重視感情 放下工作

職場戀情會得到對方力挺，提高幸福指數。然而工作壓力比較大時，要適當化解，工作放一邊，愛情放中間，才能提升幸福指數。

蛇 意見分歧 正面思考

與伴侶間有很多的意見分歧、想法不一。這段期間千萬不要動怒、不要有太多負面想法，才可度過危機，之後才會開低走高。

羊 共同投入 提升幸福

幸福來自於共同學習或職場上共同克服困難，幸福指數高，也會化解彼此的壓力。相對如果給對方的壓力很大，也會影響幸福指數。

猴 吃喝玩樂 創造幸福

幸福指數來自於財富、愛情，財富與桃花相輔相成，想增加幸福指數，要一同去吃喝玩樂，花小錢才能創造幸福指數的向上提升。

以上五種生肖有吉有兇，各自把握好才能掌握好運勢。

2/9 ～ 2/15

本週的房事順利指數

你會因為心情、壓力而影響到房事嗎？藉由撲克牌的生肖占卜，來瞭解這段期間的房事是否幸福呢？

鼠

轉移重心 度過危機

虎

面對阻礙 自我提升

兔

濃情密意 備孕良機

猴

職場情事 輕鬆面對

豬

壓力沉重 轉移焦點

梅花8代表房事不順、獨守空閨，也許和枕邊人情不投意不合、意見分歧，記得房事放一邊，公事放中間，多投入你的學業或事業，才能忘卻不順。

房事不順，經濟及工作壓力很大，也許有他人介入，讓你欲振乏力、阻礙很多，或是遭遇父母反對，這段期間少房事、多公事，多學習成長，才能避開困擾。

甜蜜恩愛，如漆似膠的狀態，不但房事很順利，彼此心心相印，創造出無可限量的愛情火花。甚至於有懷孕的大好機會，有意者可順其自然。

是否為了工作或業績，在職場上必須屈就別人而發生關係呢？這代表房事壓力很大，可能怕表現不好、怕懷孕、怕被拒絕，記得放輕鬆微笑以待，或準備小禮物才能化解。

工作壓力大，表現差強人意，或因旁事阻礙了房事，切記這段時間要把房事放一邊，轉移注意力為宜。

2/16 ～ 2/22

本週你有鬼扯運嗎？

你喜歡鬼扯嗎？喜歡言不由衷亂說話嗎？藉由撲克牌的生肖占卜來看看鬼扯到底是福還是禍呢？

兔

暢所欲言 無往不利

愛聊天、暢所欲言、鬼扯的同時，得到了更多的掌聲，業績隨之而來，可說是嘴甜吃四方。

龍

善用幽默 創造財富

不僅從鬼扯中獲利，還得到客戶或長輩支持，創造財富。可以盡情發揮你的幽默感，去說動你的客戶、長輩、上司，是獲利的好機會。

馬

多說情話 愛情加分

你的鬼扯、情話、玩笑，會讓愛人心花朵朵開，甚至投懷送抱，對你更喜愛與關注。因此這段期間多和心愛的人說話，會對感情加分。

狗

禍從口出 謹言慎行

胡亂說話、隨意承諾與不負責任的言論，造成學業或事業上的阻礙。少開口避免禍從口出，鬼扯會帶來口舌是非。

豬

口舌是非 易得罪人

鬼扯會對你的財富、愛情造成阻礙，與朋友有可能交惡。記得鬼扯要挑對象，如果對象是小心謹慎的人，可能會因為一句話就得罪人，斷送了財富與人脈。

以上有愛情加分的，有職場得利的，也有講話不小心而帶來危機的，千萬要小心。

2/23 ～ 2/29

本週你會是句點王嗎？

你會辭不達意嗎？會很容易講出讓人接不下去的話，成為句點王嗎？藉由撲克牌的生肖占卜來了解這段期間你會成為句點王嗎？

牛

字字珠機
讓人讚嘆

虎

大展口才
掌聲不斷

龍

轉換話題
避開危機

馬

壓力內收
擇日溝通

狗

句點大王
少說少錯

多談論金融話題，對方會聽得很投入，對你所說的話讚嘆不已！代表你說出來的話，是會帶給別人財富的，所以不會成為句點王。

政商名流、有身分地位的人喜歡聽你說話，甚至於和人溝通時，會得到更多的掌聲，也帶來更多的財富與業績。

過度強勢，每天談論與工作、或學業有關的話題，很容易成為句點王，並且造成人際關係的壓力，建議減少工作話題，增加生活上的話題，就可避免危機。

和家人抱怨你工作或學業的壓力很大，對方不好接話，造成話題中斷。記得壓力放心中，另擇時日再溝通，或許就會遠離壓力、不會成為句點王。

堪稱句點大王，你的上司或朋友一聽你講話，就一肚子火，因為你一開口就在推諉事由。少開口為宜，要多微笑、多讚美，才能避開成為句點王的危機。

3/1 ～ 3/7

本週你會是牆頭草嗎？

你是否會看別人臉色來改變風向呢？藉由撲克牌的生肖占卜，來看看這段期間你會不會成為牆頭草？或是因為成為牆頭草而帶來危機呢？

鼠 執著堅定 危機遠離

因為對工作的執著、堅定及使命感，所以雖然在職場上是牆頭草，但危機不大，只要夠堅定與執著，就不會加分或減分。

牛 思緒受阻 放鬆為宜

因為憂慮較多，對自己的判斷、思緒會造成阻礙，情緒也會莫名搖擺，內心有困惑產生，屬於心理上的牆頭草。

虎 遠離誘惑 潔身自愛

除了原伴侶外，有想另築愛巢的想法嗎？或因為三角習題，成為愛情的牆頭草？有外在誘惑時，要謹慎思考，不要成為愛情的牆頭草而受傷，導致分手的遺憾。

馬 正確投資 把握財運

你的投資下注或投資決策可能搖擺不定，但還是有獲小利的機會，並且不至於導致破財。屬於財富上的牆頭草，恭喜屬馬的人。

雞 職場考驗 適時紓壓

工作上分配不均勻、工作指令的不一致，造成搖擺不定的牆頭草決定。記得不要給自己太多壓力、也不要給自己太多責任，才可以度過這段期間的危機。

3/8 ～ 3/14

本週你會被詐騙嗎？

你曾經被詐騙嗎？是感情還是錢財的詐騙呢？造成什麼損失呢？藉由撲克牌的生肖占卜，來看看這段時間，你是否有被詐騙的危機呢？

牛
易犯小人
當心被騙

兔
金錢往來
謹慎而為

龍
防人之心
小心為上

蛇
不宜戀愛
保守為上

狗
紛爭不斷
謹慎行事

可能遇到職場上言行不一、小人背後帶刀。當心職場詐騙，客戶承諾不一、給予使命感卻又在背後捅你一刀，千萬注意！

被邀投資或被借錢時，當心有去無回。這段期間要小心金錢往來、出入借貸及投資項目，記得要謹慎而為。

錢財上被詐騙的可能性偏高。當心遇到裝可憐的人，可能是借錢或要求背書，包括簽合約等情況都可能暗藏危機，小心為上。

注意愛情騙子，對方舌燦蓮花、天花亂墜，讓你芳心朵朵開。然而一旦心動，被詐騙指數就會提高，這段時間應保守為上，不宜發展戀情，和心儀對象保持一定距離，方可遠離危機。

不僅可能被詐騙，還可能有官司糾葛、口舌爭執的危機，導致被告、被指指點點。多從事信仰活動、祈求心靈平靜，謹慎小心，才能平安度過危機、雨過天晴。

3/15 ～ 3/21

本週的不長眼指數

不長眼表示眼睛不夠亮、識人不明、或做事不夠明確。這段期間會因為不長眼而帶來災難嗎？藉由撲克牌的生肖占卜，來告訴您答案。

鼠 言多必失 靜觀其變

牛 傻人傻福 化解災情

龍 互相配合 感情加分

猴 保持本性 獲得肯定

豬 壓力太大 易得罪人

相當不長眼，亂說話、判斷錯誤、靠錯邊，得罪了上司或長輩，也就是真正重要的貴人。應靜觀其變，少開口多微笑，少接近權貴或客戶，才能避免判斷錯誤。

完全不會不長眼。就算開了不長眼的玩笑、做錯小事，反而會得到對方的憐憫跟疼惜。傻人有傻福，是化解災難的最好時機。

如果有不長眼的狀況，頂多是與伴侶間有一點興趣相左的危機，因此針對伴侶喜愛的事情多配合，就可以避免影響到愛情。

因為童心未泯、天真沒有心機，所以會獲得長輩或上司的信任，給你更多肯定，甚至得到財富。因此記得保留天性中善良的一面，才可以更成功。

工作壓力太大，在會議或工作中可能得罪了客戶或同事，要注意在職場上的不長眼，可能使你的事業產生更多阻礙。

3/22 ～ 3/28

本週你會劈腿嗎？

你有劈腿過嗎？劈腿對你是加分或減分呢？讓我們藉由撲克牌的生肖占卜，來看看這段期間因為劈腿造成的吉凶禍福。

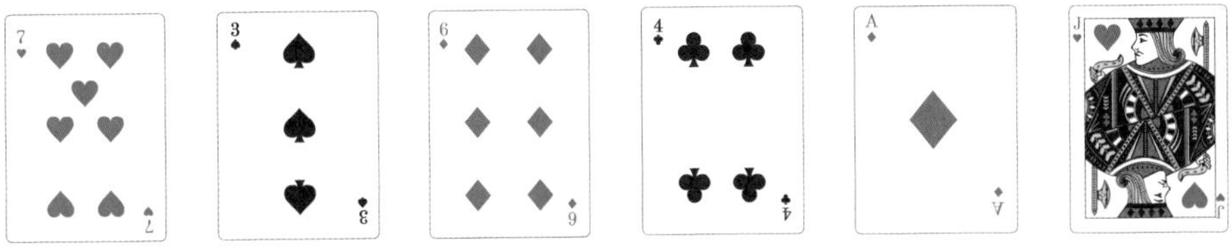

鼠　把持己身　避開誘惑

可能有暗戀你的人或有第三者出現，不要因為外在的誘惑，影響或破壞了本來的感情，要謹慎為之。

牛　多元投資　財源滾滾

財富上的劈腿，一馬當先，多項投資，財源滾滾而來。這段期間很適合金融、財富、投資上的劈腿。

兔　劈腿危機　保守為上

職場上的劈腿，例如：身兼二職，或愛情的劈腿，產生許多絆腳石，建議墨守成規、原地踏步，才不會造成更多困擾。

蛇　安全投資　獲取小利

這段期間適合投資型的劈腿，可進行安全小額的雙向投資，例如：買一點股票或借貸給別人，獲取小利。

猴　身兼二職　容易出包

因為職場上劈腿，身兼二職被抓包，被原職場發現，引起了不必要的麻煩及危機，千萬要小心謹慎。

豬　貪心自滿　樂極生悲

吃在嘴裡，看在眼裡，本來已經有固定對象，卻又同時發展多方關係，還滿心歡喜。千萬不要樂極生悲，要以保守為原則。

3/29 ～ 4/4

本週你會說大話嗎？

你會打腫臉充胖子地說大話嗎？會因為說大話受到影響嗎？讓我們藉由撲克牌的生肖占卜，來看看這段期間因為說大話造成的吉凶禍福。

牛

親密話語 感情加分

對愛人說的甜言蜜語，會讓心愛的人滿心歡喜、感動不已。父母與孩子間的親密話語，也會增進彼此感情，在親情、愛情方面只要是不傷害人的大話，都是非常加分的。

虎

說大話前 最好三思

說太多大話，例如：要達成一流的工作業績或要考上某間好學校，變成工作、學業上的壓力。大話說太滿，如果無法履行，有被說閒話的可能。

龍

把握實力 充實言論

對自己的實力很有把握，對群眾、甚至達官顯貴說大話，只要內容是充實的，並且認真付出，就會有大收穫。但是千萬小心大話說過頭，無法履行的話，會變成失言、欺騙。

猴

真心真意 愛情升溫

對於愛人、想追求的人或曖昧的人，甜言蜜語的大話會說個不停，對感情有加分。情話綿綿的大話本身不會造成阻礙，記得用真情、真心來說愛情的大話。

大家要把握運勢，才能開創運勢、超越運勢。

4/5 ～ 4/11

本週的小氣指數

你生性小氣嗎？為什麼小氣呢？小氣會帶來危機嗎？讓我們藉由撲克牌的生肖占卜，來為您預測這段期間的吉凶禍福。

牛 節制開銷 避免浪費

虎 工作計較 貴人遠離

龍 節省小錢 累積財富

馬 省小賠大 大方一點

羊 貪小失大 破財消災

因為小氣而帶來儲蓄，避免破財，節省開銷、避免不必要的浪費，甚至由此累積了一些財富。

工作上小氣不願多為別人付出，引起客戶或上司不滿，帶來危機。在工作上不要斤斤計較，造成貴人遠離，應該更投入、付出，才能迎接更多貴人。

稍微降低消費水準，省小錢也可以避免浪費，累積財富，這段時間不至於因為亂花錢而破財。

小氣會對愛情造成阻礙，對心愛的人要大方，否則無法獲得芳心。如果對心愛的人小氣，會省小而賠大，對方會與你漸行漸遠，影響對你的認同。

省小賠大、貪小失大，不如該花則花。檢視你的車子是否要翻新，家具、設備是否要更換，注意不是花在賭博、花天酒地上，而是需要的地方該換則換，該花則花，才會破財消災。

4/12 ～ 4/18

本週你會心太軟嗎？

你在處理事情上會有心太軟的情況嗎？藉由撲克牌的生肖占卜，來看看這段時間是否因為心軟而受到影響？

鼠 有所堅持 避開小人

小人會因為你的心軟反撲，對你的健康、事業或愛情造成阻礙，如果心軟放過對方，反而會造成更大的危機。千萬要有所堅定、有所執著、有所拿捏才可以遠離危機。

虎 堅定想法 排除阻礙

因為心軟，為人東奔西跑、被父母責罵、在愛情上被誤會或在事業上造成阻礙。更不要因為心軟、疼惜別人造成配偶誤會，要堅定想法、觀念，才能往正軌上前進。

蛇 心軟加分 財富提升

因為心腸好、心軟不與人計較，體諒別人而在工作上得到貴人的扶持，提升業績。也因為善心獲得財富的提升。

羊 該說則說 不要猶豫

因為心太軟，沒有給孩子適當的管教、沒有對父母說實話造成病情惡化，或沒有對愛人實話實說，造成更多的阻礙與危機。建議該說則說，不要綁手綁腳。

豬 不宜心軟 貫徹指令

心軟造成工作上權利被剝奪、人脈被削減，包括對部屬的指令被打折扣，千萬不能心軟，命令要貫徹，才不會造成工作職場上或學業上的阻礙。

4/19 ～ 4/25

本週的自閉指數

你會把自己關在象牙塔裡自我封閉嗎?是長期還是間歇性的呢?透過撲克牌的生肖占卜,來看看這段期間的自我封閉,是加分或減分呢?

鼠

走出戶外 接觸人群

自我封閉,帶來多愁多慮,要多從事戶外運動、登山、游泳等活動,跟群眾多結合,才能接近貴人,不要把自己關起來,會變成最大的危機。

牛

格格不入 敞開心胸

因為自我封閉,與同事不合、不太聯絡客戶、與同學的溝通有隔閡,會影響到你的事業或學業。不宜自我封閉,應該與人握手言歡。

龍

準備周全 勇敢面對

因為怕做得不夠好而自我封閉,造成貴人遠離,甚至被上司或長輩修理。自我封閉會變成不解釋、不面對,應該誠實面對,才能遠離危機。

狗

量入為出 精打細算

在錢財上自我封閉,不該花就不要花,才會理財得宜,更不會投資錯誤。如果精打細算,則會創造更多財富。

豬

裹足不前 阻礙判斷

原本前途看好,卻裹足不前,阻礙了思緒、判斷及成長。會像枯木一樣,慢慢腐化。注意這段期間不要自我封閉,要迎向群眾,才能化解。

4/26 ～ 5/2

本週你會長舌嗎？

你會長舌嗎？會因為長舌而是非多，導致災難或困擾嗎？藉由撲克牌的生肖占卜，來告訴你這段時間因為長舌帶來的影響。

牛　炫耀己身 破壞機緣

到處炫耀財富、成就或搬弄是非，因為長舌破壞了形象、破壞機遇，也造成事業上的阻礙。少開口、多讚美、多信仰，才能遠離這段時間長舌所帶來的困擾。

虎　舌燦蓮花 愛情上門

非常健談，甚至與愛人的長輩也能侃侃而談，因為這樣得到對方更多的肯定。不隱瞞真性情，自我表達成功，因而被肯定、被認同並且得以感動對方，得到愛情的指數很高。

兔　風趣幽默 備受肯定

與異性互動時，滔滔不絕、甜言蜜語中又帶有誠懇，你的言談會受到異性歡迎，並得到歡心。屬於有智慧、帶來歡喜的長舌。

猴　口舌惹禍 前程堪憂

背後道人是非，講了位高權重、達官貴人或重要客戶的壞話，少開口得宜。才不會造成口舌之災，阻礙了前途。

雞　聊聊八卦 無傷大雅

東家長西家短，愛講閒話，只要不存有惡意，對你造成的傷害不會很大，但還是要心存厚道。少開口為宜。

5/3～5/9

本週的悶騷指數

你會愛在心裡口難開嗎？期望財富又不敢說嗎？想受到肯定卻藏在心中嗎？藉由撲克牌的生肖占卜，來看看這段時間的悶騷是加分或減分。

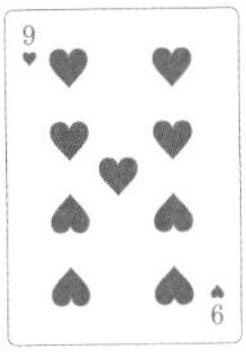

牛

低調觀望 反受注目

不要馬上向暗戀對象告白，要耐心等待。匆促表白反而會讓對方倉皇失措遠離你。因為你的內向含蓄，會使對方更注意你。建議這段期間在感情上要悶騷。

兔

坦白問題 適時求援

可能在工作或健康方面很壓抑。像是身體不舒服不說，造成病情惡化。千萬不要悶在心中，要尋求適合的管道解決。

龍

勇於表現 有所突破

希望工作上受到肯定，卻過於悶騷無法表達，因此受到阻礙。這段期間應力求表現，不要過於悶騷，才會提升事業，得到應得的職務及權利。

蛇

不懂表現 易吃悶虧

你的悶騷已經屬於太低調的程度，默默為工作付出，卻無人知曉，被上司質疑是否偷懶、怠職，惡性循環，導致越來越多的阻礙。

猴

耐心等待 有小確幸

含蓄保守的你不會為錢財與人起爭執，可得到客戶或朋友的肯定，有發小財的機會，但因為財富不大，屬於小確幸等級。

5/10 ～ 5/16

本週你會被搭訕嗎？

你被搭訕過嗎？被搭訕是好是壞呢？藉由撲克牌的生肖占卜，來看看這段期間被搭訕的吉凶禍福。

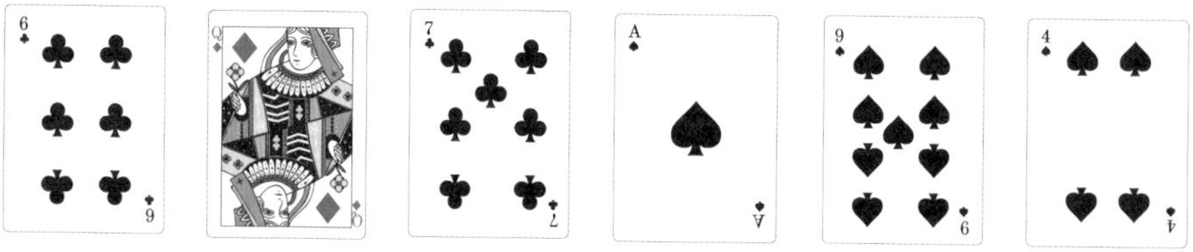

鼠 固守職務 注意心機

牛 別有用意 抱持戒心

龍 互相加分 創造雙贏

蛇 謝絕搭訕 預防不軌

馬 貴人相助 提升財富

豬 不懷好意 謹慎防備

搭訕你的人別有用心，可能想利用你的職務、權力。要謹慎小心，把握好本份才可避開危機。

職場上可能會遇到想搭訕你、接近你的人，想藉你提升他的地位或從你這邊得到好處，小心預防。

黑桃代表職場或學業。身處位高權重的地位時，在職場上被搭訕的指數很高，雙方互相提升，可以創造彼此的好契機。

路上遇到的、愛情方面的或是工作上想搭訕你的人，可能都是不懷好意的。不要與陌生人間有太多的交流，可能造成破財、愛情上的危機。

搭訕你的人，可能是比你更富有、社會地位更高的達官顯貴，記得給予更多的回饋與互動。遇到貴人搭訕，不要貿然拒絕，才可創造更多財富。

這段期間的搭訕，包括身體上的搭訕、找你麻煩的搭訕都可能是不懷好意的，千萬要謹慎小心，才可避免困擾。

5/17～5/23

本週你會加薪嗎？

你期待加薪嗎？藉由撲克牌的生肖占卜，看看這段期間是否有可能加薪，會不會有意外之財？

鼠 愛情福利 把握方向

虎 愛情投入 財富可期

蛇 加薪無望 小心謹慎

馬 心與願違 提防小人

猴 把握貴人 加薪良機

可能是愛人幫你加薪、送禮給你、帶你吃喝玩樂，甚至對方發財所以分紅給你。對象及方向正確，才能得到意想不到的利益。

屬於情場上的加薪，對方對你的愛提升，對你的肯定更深入，如果對方是有財有勢的異性，愛情加薪的同時，現實的財富也是可期的。

可能是你要求太多，付出太少，不但沒有加薪，反而有工作上的阻礙。要小心謹慎，避免加薪不成，還被扣獎金或薪水。

注意小人暗算，不僅無法加薪，甚至還有被冤枉的可能。所以這段期間加薪機會不高，小心處理危機。

可能有非常位高權重的貴人提供你更多機會、財富與權力。不僅可能加薪，還會給你超乎想像的好處與肯定。要好好把握機會，千萬不要錯過。

這段期間，屬猴的人要好好表現，屬虎的人在愛情上要勇於付出，受到加薪指日可待的。

5/24 ~ 5/30

本週的創業運

你想創業、想兼職嗎？藉由撲克牌的生肖占卜，來看看這段時間是否適合另築戰場、再創佳績！

鼠　以靜制動　避險為宜

不論是創業或兼職，都可能有長輩或上司施加很大的壓力，要以靜制動，否則創業不成反而會帶來事業危機，以保守為宜。

牛　兼職順利　資金無虞

資金周轉非常活絡，無論想創業、兼職或開拓職場上的另一個高峰，契機無限，不會因資金產生阻礙。

虎　財源廣進　創業良機

鑽石7代表有機會創業，錢財滾滾而來，而且周轉非常順暢，是創業的好契機。

蛇　機會持平　小有獲利

想兼職或想加碼投資、創業，資金周轉雖然有限，但小有獲利，創業阻礙小，不會有太大危機。

馬　固守本業　切勿躁進

盡心盡力把握好本職，其他不論是創業、開分店或兼職，都易有危機，不要衝動，暫不適合創業。

狗　保守為宜　謹慎至上

想法很多，但心想事不成，阻礙跟著來。要以保守為宜，先得到好口碑，獲取更多貴人的幫助再來創業。

豬　創業艱難　阻力頗大

千萬不要貿然躁進，想創業可能會遭遇來自女性長輩的阻力，甚至彼此不合或意見分歧。

最後提醒屬鼠與屬豬的人，在這段期間千萬不要創業，以免帶來麻煩。

5/31 ～ 6/6

本週你會被找麻煩嗎？

你怕別人找麻煩嗎？還是你時常找別人麻煩呢？找麻煩的對象是誰呢？藉由撲克牌的生肖占卜，來看看這段期間有沒有可能遇到被找麻煩的危機。

牛 甜蜜負擔 如膠似漆

龍 勞而有功 財源廣進

蛇 桃花朵朵 取之有道

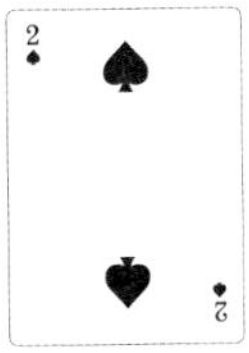

羊 堅定立場 勇敢說不

雞 突破壓力 再創佳績

情人如膠似漆地黏你，希望你多疼愛、多陪伴，屬於愛情負擔上的找麻煩，是正面的找麻煩。

賺錢機會多，相對的，跟你要錢的人也多，因為錢財而產生麻煩，但這些麻煩是屬於勞而有功的獲利。財富一直來，不會做白工。

太多人對你投懷送抱、表達愛意，如果單身，就直接接受這種麻煩吧！如果你已經有另一半，建議要做好切割，才能遠離困擾。

工作上客戶要求很多，同事推工作給你，疲於奔命、力不從心。只有堅定立場，才能遠離麻煩，同時也要更努力投入工作。

身兼數職、日夜奔波造成體力負荷很大，但相對的，付出會備受肯定。有時要陪伴親人，有時要面對同事，壓力很重，唯有持續付出才能突破工作的麻煩，創造佳績。

6/7 ～ 6/13

本週的請客運

你喜歡請客還是被請客呢？藉由撲克牌的生肖占卜，來看看這段期間是否有機會被請客或應該請客呢？

鼠 花小賺大　贏得芳心

虎 拒絕請客　遠離是非

龍 備受肯定　財富可期

猴 宴無好宴　勞而無功

狗 你儂我儂　感情增溫

豬 貴人運佳　加倍回收

在異性面前，請客加分很大，備受肯定，花小錢贏得芳心，記得針對愛情方面的請客是絕對值得的。

請客不僅浪費時間、金錢，也引來不必要的麻煩。也許是場所或對象錯誤，引來不必要的是非。記得不要請客，也不要被請客，才可遠離不必要的麻煩。

原本是沒有目的而請客，卻因此被同事、客戶或朋友肯定，除了為你帶來掌聲外，還會帶來更多的財源、吸引更多的貴人。

這時請客是勞民傷財、勞而無功、浪費時間，與其請客，不如買禮物送對方還比較實際。

請心愛的人吃飯、出遊，感情增溫會超乎想像，這時請客會受到對方的肯定，會因此加深彼此間的濃情密意。

請客的對象皆不是一般人，而是達官顯貴，多請客、多聚會、多搶著付錢，未來在事業、財富上，會加倍回收。

6/14 ～ 6/20

本週你會告白嗎？

你有告白過嗎？不一定是愛情的告白，可能跟工作、財富或親情相關。告白是一種坦承面對，真心的訴求。透過撲克生肖占卜來看看這段期間是否適合告白，是加分或減分呢？

牛　謹慎告白　沉默是金

因告白而闖禍，或許是你言不由衷，或因對方無法接受，會對你產生負面評價，建議忍耐，少開口為宜。否則對愛情、事業、財富都可能帶來阻礙。

虎　坦然面對　貴人加持

向上司或同事坦白，但未必有好結果。你想努力卻容易力不從心，但也可能因為你的告白得到貴人扶持，因此要以誠相待去面對困難。

龍　雞同鴨講　溝通斷層

不是話不投機就是言不由衷，不論愛情、事業或與親人的溝通都是有代溝的告白，必須重整你要告白的內容，避免引起誤會、得不償失。

雞　越描越黑　禍從口出

你越講越離譜，告白引起更多不必要的誤會，包括財運下滑或引來愛情生波，惹來更多的禍害，所謂禍從口出，是這段時間最要注意的。

豬　開拓財源　獲利良機

跟財富、資金有關的告白內容，會讓別人更加肯定你，你也因此得到更多開拓財源的好機會。

6/21 ～ 6/27

本週你會被拒絕嗎？

你在愛情、或工作上有被拒絕過的經驗嗎？藉由撲克牌的生肖占卜，來告訴你這段時間是否容易被拒絕。

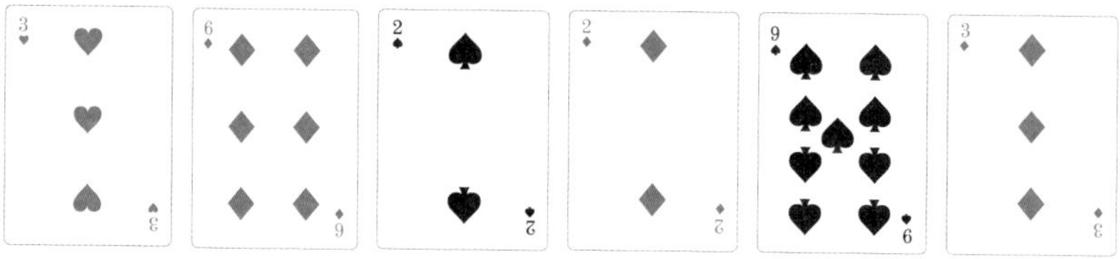

鼠 培養實力 面對危機

牛 缺乏幫手 無人分擔

兔 周轉被拒 降低標準

蛇 勞而無功 碰軟釘子

馬 周轉不順 借貸無門

猴 迂迴攻勢 委婉行事

若你打算調頭寸或要求對方請客，這類和人的金錢往來容易被拒絕。要謹慎並且培養自身實力，才能面對危機。

在工作上不太順利，當你想請別人代班或分擔業務，都有面臨被拒絕的可能性。

資金周轉、金錢借貸上可能被拒絕，也許降低一些額度試試看，或許會得到被肯定的機會。

職場上遇到瓶頸，如果想藉助貴人之力，可能會遭遇對方自身難保而碰軟釘子的局面。

在資金周轉、金錢借貸上可能被拒，不要去做與財務相關的借貸要求，才可避免危機。

對於初次邂逅的對象，如果想徵求進一步可能的聯絡方式，被拒絕的機會很高。記得要厚著臉皮，換個委婉的方式。

被拒絕不代表你不是成功的人，不代表你有所瑕疵，可能只是對方無法欣賞到你的優點，加油！

6/28 ～ 7/4

本週的偏財運

偏財可能來自父母、朋友或愛人，也可能是意外獲得的，藉由撲克牌與生肖占卜，來看看這段時間是否有偏財的好機會。

牛

近富得富
會有偏財

虎

感情增溫
小有獲利

龍

親力親為
財星降臨

馬

貪小失大
破財消災

猴

偏財運低
謹慎投資

豬

小利可得
大富可期

偏財指數相當高，可能有朋友餽贈禮物、招待旅遊等。近富得富，與朋友互動得到偏財的好機會，買個獎券或許也有意外的小確幸。

可能會得到愛人的肯定或贈送禮物，屬於溫馨的小偏財。與伴侶共同經營、投資也有獲利的可能。小偏財的可能性很高。

身體力行，勇於付出，在職場上業績提升，或因為客戶的引薦、擴充，在工作上得到了更好的偏財運。

偏財運很低，想要發財，卻可能反而會小破財。花錢買自己喜歡的3C產品、買幾件衣物等，可以化解這個不好的危機。

偏財運較低，不要做太大的投資，買股票、賭博都會產生相對的危機，投資之前要三思。

這段期間有小偏財、小獲利的空間，小利可得，大富可期，慢慢經營財富也會有所成長。

7/5 ～ 7/11

本週你是勞碌命嗎？

你是勞碌命還是勞碌運呢？是勞而有功還是勞而無獲呢？讓我們藉由生肖撲克占卜，來看看你的付出會不會得到相對報酬。

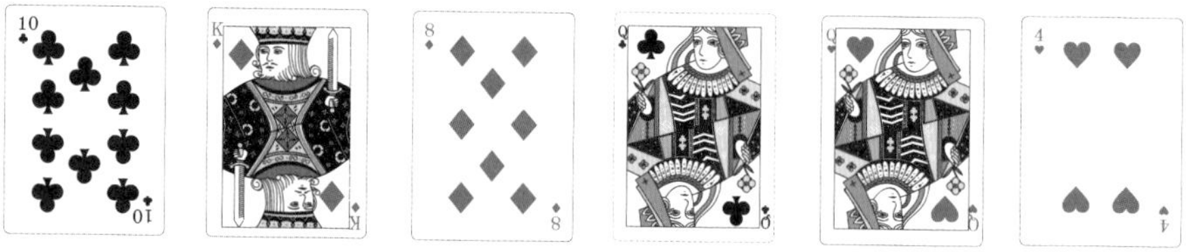

鼠 為愛奔波 鶼鰈情深

虎 愛的投入 帶來貴人

龍 多做多錯 靜觀自守

蛇 努力付出 加倍生財

馬 勇於投入 苦盡甘來

雞 積勞成疾 休養生息

勞而有功，為心愛的人東奔西跑、勞碌奔波，使對方芳心大動。在感情方面的付出、投入是值得的。

你的勞碌不但會獲得另一半的肯定，更連帶吸引了對方的親友、甚至是貴人的幫助。記得在愛情方面更加投入、付出，會為你帶來更多貴人的提攜。

做白工的機會大，付出多得到少，熱臉貼冷屁股，想討好長官、上司反而多做多錯。宜靜觀其變、以退為進。

八顆鑽石，代表工作上的勞碌，不管是加班或對工作更多的投入、付出，會帶來加倍的獲利，屬於勞而有功，勞而生財。

拚命做、身兼多職，對上司、客戶加倍投入的互動，會發現勞碌是值得的，會苦盡甘來、獲得更多回報。

不要再日夜顛倒地勞碌了，以免過勞生病，記得要先把身體養好，免得做白工。

7/12 ～ 7/18

本週你會討債成功嗎？

你有債務糾紛嗎？讓我們藉由撲克牌的生肖占卜，來看看這段期間是否會被討債或會討債成功呢？

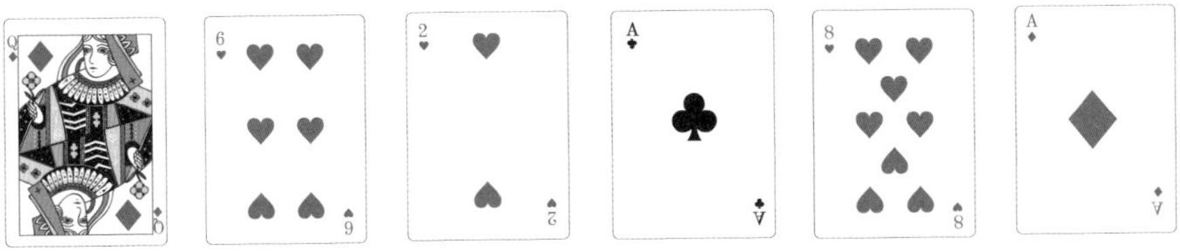

鼠 勇敢討債 會有獲利

虎 為愛奔走 感情圓滿

兔 有借有還 謹慎處理

蛇 感情債多 順應情趣

雞 努力償債 用心經營

狗 連本帶利 討債成功

討債非常成功，不管對象是愛人、客戶或同事，在財務方面的債務要勇於追討，討債不僅成功，還會獲利。

前陣子你常為愛人奔走、忙碌，如今可向對方討感情債，多撒嬌、說好聽話，屬於圓滿、幸福、甜蜜的討債。

要小心會被追債，金錢債、人情債、感情債等，有還不完的危機。千萬要謹慎，然而該還的還是要還，才不會一直累積無法還清。

外貌出眾被倒追，被討感情債。建議順著情趣走，那麼在感情上的負債不至於會變成生活中太大的負擔。

感情債永遠還不完，伴侶認為你投入的愛不夠，可能會有撒嬌性的抱怨，記得多甜言蜜語、送禮，一同出遊，才會在感情上多加分。

別人欠你的業績或是平時栽培部屬產生的「債」，可以獲得回收並會帶來利益，是屬於可以獲利的債務。

7/19 ～ 7/25

本週的憂鬱指數

你有憂鬱嗎？是短暫的還是一輩子的呢？藉由撲克占卜，來看看這段期間的生肖憂鬱指數？

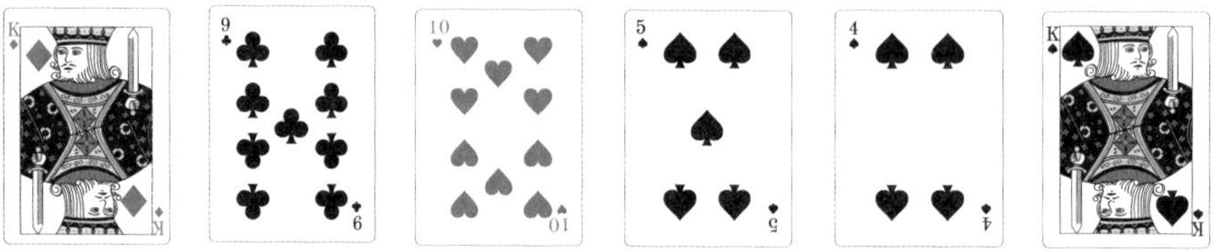

牛 反向思考 化解壓力

虎 權力欲高 無處發揮

兔 職場憂鬱 未獲肯定

龍 感情壓力 破財化解

馬 憂鬱滿點 放鬆紓壓

狗 煩惱錢財 掌握時機

長官賦予太大的壓力，又身兼多職造成很大的憂鬱。應該反向思考，這是長官給你的肯定與賦予你更多的權力，才可化解壓力轉化成能量。

權力欲望高，但未獲肯定，發揮空間有限。工作壓力雖不大，但權限太少，因此造成了憂鬱。

因為工作產生了憂鬱，雖然工作壓力不大，但過度需要被肯定，造成了你的多慮及煩惱。

愛情壓力大，身為萬人迷，可能因為交往對象期待你的陪伴或禮物，產生小破財，沒關係，小破財會產生小確幸，就會化解愛情造成的憂鬱。

身心健康或情感造成的各種壓力很大，產生了憂鬱。要充足睡眠、放鬆心情、多運動、或接觸信仰活動，才能化解壓力。

錢太多，反而煩惱有人借錢，甚至因長輩提攜所帶來的財富未必是好事。財多但體弱。還是要掌握機會，化壓力成助力。

7/26～8/1

本週你會被扯後腿嗎？

你害怕被扯後腿嗎？是誰在扯你後腿呢？應該如何預防呢？我們結合撲克占卜與生肖，來看這段期間的禍福吉凶。

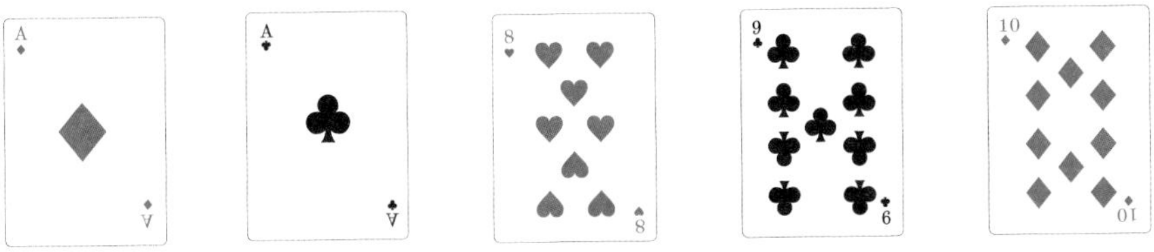

虎 保守投資 避開危機

看似資金周轉順暢，卻可能突然被抽腿。因此投資要有所保留，才不會因為他人資金周轉不當而被連累、被扯後腿。

牛 危機四伏 謹慎小心

在職場或交友圈容易被講壞話、搶業績。如果是愛情方面可能被人從中破壞，這段時間要更加謹慎，放亮雙眼，才能避免不必要的災難。

蛇 感情牽絆 影響不大

愛人向你撒嬌，偶爾遲到或放你鴿子，這些是對方希望你在愛情上付出更多，屬於感情方面的扯後腿。有可能遭遇小人，像是伴侶的友人嫉妒你們的甜蜜，在背後說壞話，但影響不大。

羊 有志難伸 花錢消災

被很嚴重的扯後腿，可能因而破財、受傷或工作上被抹黑，影響業務的開拓。建議多拜拜、多行善、正面以對，或許會降低危機。

豬 周轉得當 財富可期

如果資金周轉沒有太多問題，被扯後腿對你影響不大。有望錢賺滿滿，只要資金足夠、投資眼光精準，會安然度過。

8/2 ～ 8/8

本週你有爛桃花嗎？

你有爛桃花嗎？會影響到財富或工作嗎？爛桃花會藏在哪裡呢？藉由撲克牌的生肖占卜，看看這段時間爛桃花是加分或減分呢？

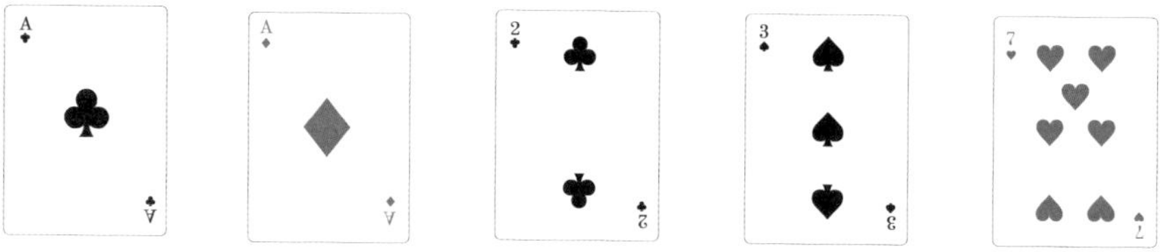

虎 多角戀情 當心被騙

蛇 有礙健康 名譽受累

馬 能避則避 以免雙輸

雞 財富桃花 工作助力

豬 官司纏身 謹慎處理

本身條件的提升，招來爛桃花，可能有多角戀情。小心被仙人跳。爛桃花也影響到工作、客戶，造成客戶或同事吃醋，導致被批評、汙衊，要小心處理。

爛桃花影響健康，可能有惡言相對、起爭執或血光之災。情場上的爭執，像聲色場所等帶來的爛桃花，會讓你名譽受損，千萬小心。

爛桃花很多，與屬蛇的情況相似，造成你的憂鬱與煩惱，甚至事業上的阻礙，千萬要謹慎小心，盡量能避則避。

感情與財富牽連，是屬於帶財的桃花。但要處理得宜，才不會被誤會是為錢財而投入感情。只要對象、目的及心態是正常的，工作上會得到更多支持。

爛桃花造成大麻煩，影響財富、健康，梅花A代表爛桃花指數非常高，甚至因你的劈腿造成多人傷害，可能牽扯官司，要謹慎小心。

8/9 ～ 8/15
本週的發胖指數

你擔心發胖嗎？為什麼發胖呢？藉由撲克牌的生肖占卜，來看看這段期間為什麼會發胖。

牛 財多發胖 有所節制

虎 會幸福肥 注意健康

龍 交際過多 節制應酬

蛇 舒緩壓力 遠離發胖

猴 愛情滿足 幸福發福

狗 生活緊張 調整節奏

錢多了四處吃喝玩樂、消夜不停，自然會發胖。因為不愁吃穿，正面來說是富貴胖，有吃有喝有睡，但也要有所節制。

可能因為正在談戀愛，就忘記身材的重要，暴飲暴食，作息不分晝夜，生活沒有節制、缺乏運動，過於自滿，忘記注重健康而發胖。

錢賺得滿滿的，不吝花費，暴飲暴食或應酬交際過多，造成發胖，記得要提醒自己有所節制。

可能因上司、客戶或同事的要求或期許，造成壓力而發胖。多放鬆心情、多運動、到戶外透透氣或出外旅遊，減緩壓力，才不會讓身體狀況亮紅燈。

滿足於愛情而發胖，或為了得到對方的肯定，想讓身材更豐滿、更迷人，而稍微發胖，這種發胖是加分的。

工作壓力大，暴飲暴食、生活節奏錯亂而發胖，要記得節制、小心謹慎，才能面對這段期間的危機。

8/16～8/22

本週你會跳槽嗎？

你想轉換職場環境嗎？藉由撲克牌的生肖占卜，看看這段期間轉換職場對你是加分或減分呢？

兔　每況愈下　小心謹慎

可能因為工作壓力大想逃離危機而跳槽，但越換工作壓力越大，越不受肯定，所以想跳槽的話要謹慎小心。

蛇　良禽擇木　待遇優渥

可能會遇到挖角，因為條件待遇更好而轉換職場，要好好把握契機，做出正確的選擇。

羊　愛人相助　轉換跑道

可能因為伴侶不滿你現有的職場或提攜，帶你轉換到更優質的職場，因為愛情而跳槽，是加分的。

猴　把握契機　小心選擇

因為小利（例如加班費、出差費）而想跳槽或轉調部門，短時間內是可期的，也是加分的。

雞　找到舞台　職場加分

因為責任、工作慾望強，自我期許高，一旦在職場上沒有發揮的空間，就有跳槽的可能，也可能因為轉換職場環境而提升權力。

狗　鯉躍龍門　貴人提攜

可能遇到大貴人向你招手而跳槽，可說是提升職位或工作環境的大好機會。要好好把握！

整體來看，屬兔與屬雞的人要避免過多壓力，才會降低轉換職場的風險。其他生肖遇貴人時，千萬把握良機。

8/23 ～ 8/29

本週你有貴人嗎？

貴人難尋，機會稍縱即逝，一不注意，貴人就遠離你而去。遇到的是哪一種貴人呢？還是會把小人當貴人呢？藉由撲克牌的生肖占卜，來看看這段期間是否有貴人運？

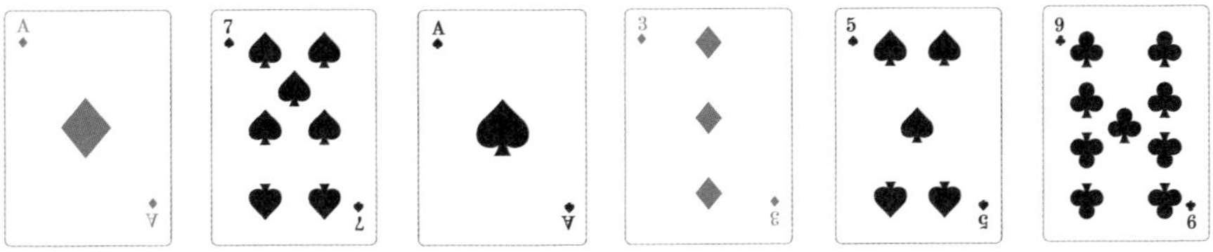

蛇 交友不慎 識人不清

不僅沒有貴人，還把小人當貴人，對父母、長輩或配偶的勸告聽而不聞，遇到表裡不一的損友，要有所謹慎。

馬 超越困境 自我成長

有工作上的貴人，會為你分擔解憂，對你有所期許、在職場上要求較多，因為他希望你能超越目前的困境，有所成長。

羊 小額獲利 把握財富

財富上的貴人提供你資金周轉、小額借貸，或提供機會，像小額放款獲利，也有受贈禮物的可能。

猴 貴人提攜 升官發財

職場受到客戶肯定，學業上得到師長讚許，或在工作上得到上司支持，蒸蒸日上，榮耀可期。

雞 正面思考 努力提升

遇到貴人對你有所要求，不要以為對方是在找麻煩，要正面思考，就會得到更多貴人提升。

狗 主動出擊 財富亨通

財富上的貴人提供賺錢的機會，要把握好，不要守株待兔，主動去尋覓可以提供更多資訊、更多機會的貴人。

8/30 ～ 9/5
本週的暗戀指數

你正在暗戀或被暗戀過嗎？藉由撲克牌的生肖占卜，看看這段期間你是否有被暗戀的機會？

兔 富貴與共 互相加分

龍 門當戶對 互相提升

蛇 愛來敲門 把握良緣

羊 認真投入 職場寵兒

狗 事業高峰 成萬人迷

工作、賺錢能力很強，吸引異性暗戀，希望達到你的財富地位。這時可多請客吃飯，一起轉換成正面能量，這樣的暗戀是加分的。

你的奢華享受、品味，吸引和你相同身分地位的人，彼此一拍即合，互相對彼此的事業財富加分。找到這位戀愛的貴人，會讓你的工作、財富增加更多能量。

有異性主動追求你，並且對你非常傾心、投懷送抱，如果單身，不要放過這個好機會，對你的事業、財富、包括未來的婚姻生活都會加分。不要保持沉默，會錯失良緣。

你在工作上的認真投入、才華及表現備受肯定，吸引了職場上有客戶或部屬暗戀你，可能是同性或異性，而且不在少數。

可能因為你的演說傑出、觀點新，或在職場上得到特殊榮耀，有很多人暗戀你。不僅事業上可自我肯定，被暗戀也提升自信心。

9/6 ～ 9/12

本週你會被欣賞嗎？

這段時間有可能因為被欣賞而受到提拔嗎？藉由撲克牌的生肖占卜，來看看這段期間你是否會被欣賞，為什麼被欣賞？

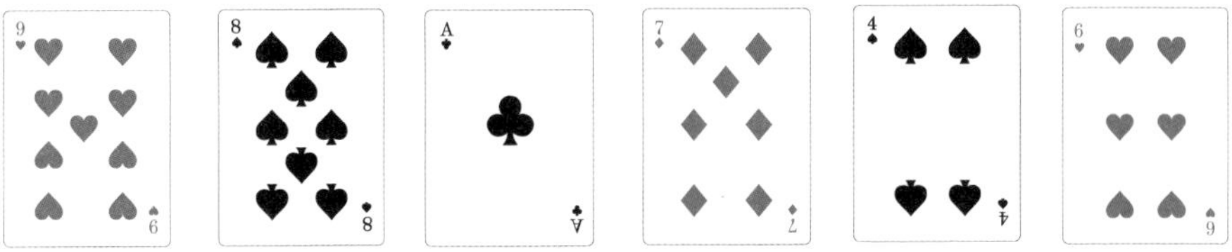

虎 談吐風趣 把握機緣

兔 小有成就 繼續努力

龍 財源滾滾 生財有道

蛇 勿太自戀 遠離困境

馬 不落人後 提昇自我

雞 愛情敲門 把握良機

可能因為有才華、風趣、有智慧、穿著談吐高雅而被異性欣賞，多注意這方面的機緣，會幫助你在事業、財富上有所提升。

在職場上小有成就，也許只是小試身手，但會得到後輩或同仁的欣賞、肯定，認為你是值得學習的對象。

很會賺錢，可能會受到客戶或同事的讚賞、欣賞你的工作能力，也認為你很會開拓業務、增加財源。

梅花代表下滑，無人欣賞，陷入自戀的困境、身處錯誤中而不自覺，可能有小人在背後捅你一刀，千萬不要迷失方向，要保持謹慎。

在工作或學業上表現平平，卻不落人後，因而受到客戶或同儕的欣賞，因此要再更努力、更加把勁！

在愛情方面受到欣賞的可能性高。如果是單身，可能因為條件好被欣賞、被暗戀，要好好把握戀愛的機會！

9/13 ～ 9/19

本週的健康指數

最近身體狀況是小病不斷還是體壯如牛呢？藉由撲克牌的生肖占卜，來看看這段期間的健康情況。

牛

放慢步伐 學習舒壓

黑桃代表事業壓力，積勞成疾、日夜顛倒，應該多休息，才不會讓身體健康亮起紅燈。

虎

贏得財富、賠上健康

財多但體弱，日以繼夜拚命賺錢，雖然錢財飽滿，卻造成身體健康亮紅燈。要多注意身體狀況，多休息。

兔

積勞成疾 量力而為

工作壓力過大，要注意體力是否能負荷，才不會勞而無功，要有所謹慎，以身體健康為主。

龍

財多體弱 調節身心

拚命賺錢，加上貴人財很多，財源滾滾來，但財富與體力成反比，健康一直下滑。要多休息，才能化解。

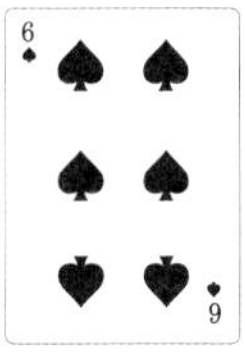

猴

健康警訊 小病不斷

工作壓力太大，要注意容易有腸胃、呼吸道的疾病，多補充營養、培養好的睡眠習慣。

狗

自我調適 注意失眠

工作疲於奔命，造成失眠的困擾、加上飲食不正常，導致健康不佳，要注意調適生活。

9/20 ～ 9/26

本週你有血光嗎？

你害怕血光嗎？有時藉由穿耳洞、整牙或紋眉，也能遠離血光。藉由撲克牌的生肖占卜，來瞭解這段期間哪裡會出現血光，並且造成什麼影響。

鼠 慎防職災 遠離危險

虎 照顧伴侶 拿捏平衡

蛇 專注小心 避免受傷

猴 操作刀械 小心分神

雞 以小化大 血光退散

因為工作遠行出差、開車或搬重物，可能造成職業傷害，如果工作會使用到刀具，也容易出現小血光，千萬小心操作。

你身旁的伴侶可能會動小手術，記得多關心，但小心自己的健康狀況，以免影響到愛情。如何平衡愛情與健康，要好好拿捏。

如果工作與刀械相關，例如醫刀、菜刀等，要非常注意血光，在工作時更要專注，別因身體狀況或分心而造成傷害。

如果工作與刀械有關，要小心操作。如果無關，則是工作壓力很大，造成分神，引起血光的危機。

積勞成疾或慢性疾病惡化，甚至有需要手術的可能。可藉捐血、穿耳洞等來化解。血光會突如其來出現，不可騎快車、與人爭鬥、爭論，以免加重不必要的危機。千萬謹慎！

9/27 ～ 10/3

本週你會是雙面人嗎？

社會上，雙面人無所不在，藉由撲克牌的生肖占卜，來看看這段期間你是否會遇到雙面人。

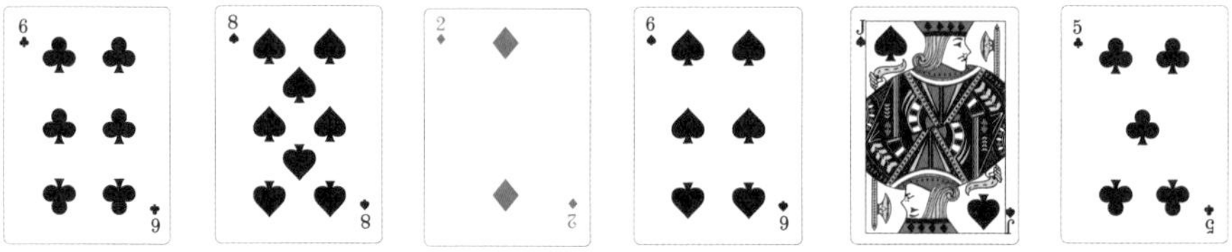

鼠 性情多變 自尋煩惱

可能有雙面性格，因為多慮及多變性格，造成不快樂的想法。建議多放鬆、多拜拜，可避開不必要的煩惱及憂鬱。

牛 表裡不一 小心應對

當心上司，他對你表面稱讚，私下批評。你要調整腳步，思考一下當你被肯定的同時，會不會也是另一個危機的開始？

猴 當心同儕 背後捅刀

職場或學業都可能出現雙面人，同事或同學對你表面親切，私下卻散布你的壞話，甚至將你當成墊腳石，要謹慎交往。

雞 前倨後恭 破財危機

處理金錢借貸要當心，可能遇到前後不一，借錢後翻臉不認人的人，害你破財。要小心！

狗 遭人利用 假訊息多

你遭遇的雙面人，可能提供假訊息給你，他只想利用你幫他分憂解勞，造成你在學業或工作上的阻礙。

豬 人格危機 多重考驗

本身就有雙面性格，因為多變的性格，在職場及愛情都可能面臨考驗，甚至有精神渙散的可能性。注重睡眠、多拜拜，化解人格上分歧的危機。

10/4～10/10

本週你會被碎碎唸嗎？

你會被人嘮叨嗎？還是會想埋怨別人？為了什麼樣的事？讓我們藉由生肖撲克占卜，來看看你這段時間可能面對的碎唸危機。

牛 職場生波 融入團隊

被同事不斷嘮叨，覺得你缺乏團隊精神、甚至認為你偷懶打混。但你要往正面思考，想想同事有其苦心，找出原因，避免職場關係惡化。

兔 勇敢承擔 以和為貴

被碎唸指數和牛一樣高，也會被同事抱怨。對方會碎唸要幫你擦屁股，你卻放任不管、逃之夭夭，請千萬要注意以和為貴，避開衝突。

蛇 調整作息 上緊發條

太安逸放鬆到懶散的程度，被家人抱怨你總是晚睡晚起、生活習慣差，而且這嘮叨會如影隨形，造成你不小的精神壓力。建議多自省生活方式，走向陽光，調整步調。

羊 莫貪便宜 注意理財

簡單一句：你被嫌小氣！總是會被周遭的人嫌你貪小便宜。想避免這種批評，在金錢使用上要特別小心，就可避開莫名的指責。

雞 留心伴侶 家庭優先

被另一半抱怨不夠體貼、早出晚歸、以朋友為重，甚至婆媳失和。要用包容的心面對，以微笑化解衝突。

10/11 ～ 10/17

本週你會被老闆賞識嗎？

這段時間你會獲得老闆賞識嗎？我們都很在意老闆的眼神和態度，要怎麼找到在老闆面前表現的好方法？讓生肖結合撲克占卜來告訴你。

牛

力爭表現 可望調薪

因出現鑽石，表示除了獲得口頭讚賞，還能收到實質的小紅包，也許是小幅加薪。要多求表現，成功機會多，建立功業指日可待。

龍

收割成果 趁勢直上

恭喜！不只是小老闆讚美你，還獲得好幾位大老闆的欣賞！之前的努力在這段時間綻放光彩，獲得迴響。請快馬加鞭，把握機會往上走！

蛇

勇於投入 多做多得

9代表長長久久，獲得上司賞識機會高，而且不是曇花一現，是可長期延續的狀態，能獲得小禮物、小鼓勵。

猴

軟土深掘 功過參半

黑桃代表鏟子，要不斷深入挖掘，你被老闆肯定，但這是被鞭策的結果，雖然壓力大，但上司看在眼裡，有功勞也有苦勞。

雞

散發魅力 內外俱佳

哇塞！你被異性老闆賞識！他（她）會欣賞你的努力，更對你的人品、談吐、打扮都非常肯定，無論是上司或客戶都能給予支持。

10/18 ～ 10/24

本週你會去度假嗎？

你這段時間心情如何，是否起心動念想去度個假了？是否有空閒、度假期間能否順利開心呢？快來看看生肖撲克占卜的度假運。

虎

成雙成對 假期圓滿

兔

血拚行程 購物優先

馬

農莊之旅 團體行動

狗

商務旅行 財運相隨

度假時不是形單影隻，你會帶心愛的人同行——可能是家人或愛侶。假期約七天，一整週都能愜意順心，和另一半濃情密意。只要在這段時間出發旅遊都有好兆頭！

不但能去度假，還會帶著鑽石珠寶，適合瞎拚、大買特買。可考慮東南亞、歐洲或東北亞，找一個購物天堂，不要去太落後的地方以免不夠盡興。

出現梅花4，梅花代表農莊，適合走鄉間、懷舊行程和探訪古蹟。但4代表會出現不少阻礙，建議找四人以上成行，天數不要太多，速去速回，可減低與旅伴的爭執。

非常恭喜你！購物行程伴隨著錢財滿滿，有機會購入收藏品。9代表三月、六月、九月去都很適合，記得找有錢的家人或朋友同行，能進財得財，甚至可加上商務旅行，簽約能更順利。

10/25 ～ 10/31

本週你會有小甜頭嗎？

這段時間你會有小甜頭、小確幸嗎？這些甜頭來自愛人、朋友還是長官？要從哪些地方著手找這些小確幸呢？讓我們來看看生肖撲克占卜的結果。

虎

迎接挑戰 先苦後甘

你的「好處」來自於老闆、上司，他們對你有極大期許，賦予你的是重責大任，嚴格來說不是小甜頭，是大挑戰，如果能通過考驗，將有更大的甜頭在後頭。

蛇

謹慎做人 平安是福

梅花3，代表不但沒有小確幸反而有小狀況，你一直希望獲得父母的讚美、伴侶的掌聲或是晚輩的肯定，可是結果往往背道而馳，建議這段時間少做少錯，保守為上。

羊

情人送禮 甜在心頭

甜頭來自心愛的人，尤其是情侶，之前你為對方的家人長輩辛苦奔波，現在他（她）可能回送你小禮物或請吃美食，雖然是小甜頭但會有大大的加分，要懂得把握。

雞

自助人助 同儕回饋

你會先付出努力、後得到果實，尤其是反映在職場或學習環境上，你和同事或同學、學長姐互相幫忙，對方會給你溫馨的回饋，誠心讚美你，甚至請你吃飯看電影。

11/1 ～ 11/7

本週你瘦身有望嗎？

你覺得自己身材太胖嗎？這段時間適不適合努力減肥、有沒有機會瘦身成功？讓生肖撲克占卜來告訴你。

鼠 破財消脂 集訓有成

瘦身成功的機率非常高，但前提是要大大破費，可能會碰到有人推銷你買瘦身器材或課程，但也因為你付出高代價，能找到適合自己的教練或指導老師，訓練成功。

牛 饞蟲附身 多動少吃

黑梅花7，代表減肥計畫碰到很多阻礙，太多美食等著你，日日睡到飽、吃到撐，偏偏又不肯運動，7代表成功機率低，唯一辦法就是多努力運動吧！

馬 耗資不多 攜伴瘦身

鑽石2，代表要兩個人並肩作戰，不適宜單打獨鬥。不妨去登山、買台腳踏車或報名游泳課程，花點小錢就能看到成果。

猴 找伴運動 互相激勵

也是鑽石，代表賺了錢去瘦身，會破點小財。數字5代表要攜伴進行，不管跑步、打球都要有伴互相激勵，效果加分。

豬 家人協助 鞭策瘦身

你必須要有父母、老公老婆或兄弟姊妹等家人的激勵才有機會。黑桃代表權力控制，表示每天要有人鞭策你，給你壓力、注意你的進度。

11/8 ～ 11/14

本週你會有職場戀情嗎？

你是在工作，還是還在念書？這段時間會想談一場職場戀情嗎？對很多人來說，職場戀情也帶來不少煩惱，讓我們來看看生肖撲克占卜。

兔

總裁示愛 有婚姻運

龍

小有成就 互贈禮物

雞

王子現身 順利約會

狗

曖昧情愫 三角習題

職場桃花旺，而且是多金性質的戀情，身帶黃金的人出現在身邊，打扮得體、西裝筆挺，是董事長、總裁、社長層級，對方會暗戀你，有往婚姻發展的可能。

兩人間有暗戀的情愫，因出現鑽石，代表與金錢相關，約會看電影、收到禮物，互相萌生更多愛意；也因吻合彼此利益，感情隨之提升，如果是校園戀情，一起念書感情更佳。

一樣抽到鑽石，代表王子出現，亦即有主管級或客戶方的重要幹部向你示好，如果在校園，可能會有很活躍的學長表示好感。你們之間有錢好辦事，阻礙少，有機會一起出遊。

紅心出現，代表小幸福、小甜蜜，和對方都有感覺。但因為是數字3，表示有第三人，可能會出現三角習題，會是錯綜複雜的糾葛，要小心不要介入他人的感情。

11/15 ～ 11/21

本週的考試運

最近有要參加困難的考試嗎？不管是因職業需要的考試、學業的考試、駕照等資格考，你一定關心考運如何，讓我們藉由生肖撲克占卜來看看這段時間的考運。

虎　成績不錯　得到獎賞

鑽石5，代表因為考試而獲利，年輕朋友的成績有望突飛猛進，甚至得到獎學金，能受長輩肯定，或因為考得好被周遭的人請客。

龍　證照考試　垂手可得

考運好得不得了，會獲得自己尊敬的長官或長輩的肯定，而且考運會跟職業證照有關，例如律師、醫師執照、工程師證照等領域。

馬　為愛努力　考出成果

紅心4，可找有上進心、求知慾強的異性一起努力，有愛情激勵能更投入、更樂於奮鬥。你的考試範疇可能是在於藝術等軟性領域。

雞　心想事成　結伴同行

兩顆紅心，一樣也代表你有成雙成對的機會，和親密友人互助，心心相印，擁有共同的目標志願，更能勇於投入，是帶有戀愛的考運。

豬　蘊積能量　出發挑戰

梅花A代表「起步」，你做了很多學習，累積競爭力，如今正踏出第一步，還有很多努力空間，不妨多參加各種考試。

11/22 ～ 11/28

本週你的投資會回收嗎？

投資的定義不只是金錢上的，也包括投資親情、愛情甚至學業，這段時間你的付出會有回報嗎？請從生肖撲克占卜來看投資吉凶。

鼠
保守投資　獲利率高

機會不差，但在買股票、理財或借貸方面，記得秉持「小投資、高獲利」的原則，不要貿然投入大資金，避免風險。轉賣東西也有機會賺錢。

兔
累積人脈　有所回饋

多做職場或學業的人脈投資，買些小禮物送給客戶或朋友，打好關係，這些投資平常看不到大成果，但未來可期待得到掌聲。

蛇
貴人相助　考試運佳

不管在職場或學業，都會獲得貴人加持，他們會給你肯定、不吝讚美。特別是考試方面的投資，都會有很好的回饋。

羊
大膽加碼　名利雙贏

不得了！你會獲得達官顯貴、地位高的長輩或上司支持，不但見到名人，自己也大有機會名利雙收。不妨勇敢點，積極加碼投資。

狗
低調潛伏　不宜躁進

阻礙多、對手也多，不管是對事業或感情方面的投資，都不甚順利，不利於你，請盡量放緩步調、寧可「減碼」，才不會浪費時間精力。

11/29 ～ 12/5

本週你是風雲人物嗎？

你渴望當上風雲人物嗎？你在家、在公司或在學校會是風雲人物嗎？讓我們藉由生肖撲克占卜來看看你的機會。

兔 拔得頭籌 名利雙收

龍 馳騁情場 意氣風發

蛇 一展所長 發光發熱

馬 三人合力 闖出名號

雞 如履薄冰 隱藏鋒芒

恭喜了！你不但會成為風雲人物，而且是一飛沖天、初試啼聲就能一鳴驚人，更有機會獲得實質獎金，有賺進財富的機會。

在情場、異性緣方面大有斬獲，你會獲得愛人的飛吻和擁抱，他（她）會把你當偶像崇拜，你是對方的英雄。

你在工作上長久以來的堅定付出，這段時間在職場能看到亮眼成果，因為學有專精，在自己的專業領域將會大有突破。

三個臭皮匠勝過一個諸葛亮，你的成就不在於靠自己單打獨鬥，要結合團隊努力，所以你不是單一的風雲人物，而是和夥伴一起成為「風雲人物們」。

千萬小心！你和夥伴兩人會拖累對方，梅花2代表出現小狀況，如過於積極出鋒頭，反而會引來負評、責難，導致前路跌跌撞撞。不要為了虛名貿然與人起衝突。

12/6 ～ 12/12

本週的好奇心指數

你對未來的感情或工作的發展會好奇嗎？或對周遭朋友的狀況有好奇心嗎？我們來看看生肖撲克占卜。

牛

擺正目標 趨吉避凶

在工作領域上會產生好奇心，但對象可別是同事或長官的八卦，不要搞錯方向，非禮勿聽，要轉而把好奇的矛頭指向專業研究，會得到十分滿意的結果。

龍

獨善其身 專心學習

好奇慾中等，更偏向在乎自己。注意不要介入他人是非，多專注在學業的修習但不要鑽牛角尖，就能避開擋路的小石頭。

馬

科學態度 創造利益

你想研究如何賺更多的錢，在學業或工作上都絞盡腦汁想突破現況。也可能是對股票、彩券有所好奇，建議以理性科學的思維投入賺錢的活動。

雞

吃喝玩樂 花錢享樂

鑽石6代表雖有好奇心，但態度持平，更多是對吃喝玩樂的議題有好奇的興趣，想買衣服、吃美食，花小錢有大享受。

狗

集結同好 共同探索

鑽石5代表有夥伴加入，共同破除各種迷思。你們好奇的目標除了課業或工作，還有對運動或演藝明星話題的好奇，對周圍大小事都有高度興趣。

12/13 ～ 12/19

本週你有口福嗎？

你是愛吃的老饕嗎？相信多數人都渴望自己有好口福，享美食，讓我們藉由生肖撲克占卜來看看這段時間你的口福如何。

鼠 雖有口福 樂極生悲

虎 口袋飽飽 吃好吃滿

馬 多素少肉 節制口慾

猴 犒賞自己 心想事成

豬 權貴相伴 眼界大開

雖有口福，而且會有大老闆作伴，但歡喜出門結果卻未必如你所願，也許是菜色正好不是你偏愛的，也許是吃太嗨、太辣導致肚子疼，要注意腸胃。

口袋滿滿，帶著重金去吃喝玩樂，可以吃得盡興、玩得開心。而且鮑魚、魚翅、燕窩樣樣不缺，大快朵頤，是富貴滋味的口福。

這段時間要忌口，少吃澱粉和肉類，多吃青菜，但相對的也是節食瘦身的好時機。吃太多會脹氣、腹瀉，逛夜市更要小心病從口入。

你想吃什麼就非吃到不可，對吃的掌控慾高，不怕奔波，不管是日本的料理、韓國菜或美式餐廳都好，就是要慰勞自己，圓滿達成美食之旅。

梅花J代表跟位高權重的同伴一起吃美食，近貴得貴，正因為他們見多識廣，讓你吃得滿意、大開眼界。

12/20 ～ 12/26

本週你會脫單嗎

你想擺脫單身嗎？要怎麼脫單呢？藉由撲克牌的生肖占卜來看看告別單身的可能性。

虎

窒礙難行 無緣脫單

這陣子思緒不清、對愛情沒有安全感，再加上生活上有許多絆腳石阻礙你前進，因此脫離單身的可能性很低。

龍

桃花滿滿 取一瓢飲

幸運7代表愛情上門、桃花很多，每天都陶醉在愛情的甜蜜中，恭喜你！非常有機會脫離單身。甚至可能追求你的人很多，或是你想追求的對象不只一人，要有所抉擇。

蛇

花點小錢 投資自己

也許有異性送你意想不到的精品、帶你吃喝玩樂到處玩。花點小錢買漂亮衣服、高級化妝品打扮自己，加上有財富做靠山，脫離單身機會很高。

羊

乾柴烈火 一觸即發

紅心8代表心花朵朵開。之前有曖昧關係的對象，可能會發展迅速、天雷勾動地火。不要再含蓄，要有自信、鼓起勇氣就能品嘗愛情的美滿。

狗

魚與熊掌 有所取捨

工作或學習日以繼夜、不眠不休、壓力太大，沒時間發展戀情，可能無緣脫離單身。建議可以嘗試發展職場或校園戀情，或許可以擺脫孤獨。

12/27 ～ 1/2

本週的失眠指數

你睡得飽、睡得好嗎？你有失眠的經驗嗎？藉由撲克牌的生肖占卜來看看這段時間你是否會有失眠的困擾呢？

牛　事業心重　夜夜難眠

可能為了賺錢，或希望職場上能有所突破而煩惱到睡不著，賺錢慾望太高造成失眠，要好好調適。

兔　憂思過重　適時舒壓

黑桃4代表考運不佳、工作壓力過大，可能因為擔心無法完成上司交付的工作或學校的課業造成失眠。

龍　荷包滿滿　樂不思蜀

財運亨通，卻擔心錢賺太多，不知怎麼花掉或煩惱如何提升業績，造成失眠。恭喜錢財滾滾，但財多體弱，還是要注重睡眠。

馬　沉醉愛河　幸福失眠

可能是有新戀情或新婚，在甜蜜的愛情中喜悅不已，太幸福了造成失眠，值得恭喜。注意也可能有三角習題發生，要好好處理。

猴　轉換戰場　做好準備

職場換環境，或擔任新職務，對上司態度、工作內容不熟悉，壓力太大而造成失眠。

豬　高手較勁　放鬆心情

與一群精英共事，大家互相較勁，造成壓力太大，擔心落後而失眠。多做運動，聽點輕音樂，才能改善睡眠、改善困擾。

Chapter 3

從農曆出生月看桃花、人脈、血光運勢

二〇二〇旺鼠年，只要掌握桃花、人脈、血光三大運勢，
按照星曜特性，搭配農曆出生月份分析天姚、左輔與右弼、天刑，
就可以抓住吉星高照的好運勢！

總論

農曆生月 1 月

桃花運勢★★★
人脈運勢★★★★
血光運勢★★★

農曆一月出生的人，要主動出擊爭取更多貴人運。

鼠年想要有好桃花，記得多接受父母、長輩們的建議，順利地好事成雙。也可能是與年紀較長的人產生愛情火花，發展忘年之愛。

今年的左輔、右弼星坐落在官祿宮和夫妻宮，代表在職場上會因為好口碑、好商譽得到佳績，另一方面，也會因為伴侶或配偶的幫助拓展好人脈，提升貴人運。因此，如果處於沒有伴侶的狀態，建議要更主動才能爭取更多遇到貴人的機會。

農曆一月出生的人，今年的房事可能會不太順利，女性朋友要留意有流產、小產的危機，年長者則要多注意子女可能有血光或官司的危機。

1月
桃花運勢

代表星曜：天姚星
所處宮位：父母宮
風水區域：孝親房
開運方式：提升父母房明亮度

農曆一月出生的人，二〇二〇年的天姚星坐落在父母宮，也就是傳統所說的媒妁之言、長輩之愛，如果想要好事成雙、婚事成功的話，記得要多多接受父母的建議，包括叔伯、阿姨之類的長輩，或職場上司的撮偶推薦及介紹，就會大大增加喜事、婚事成功的機會。

如果想追求愛情的人，與其自己碰撞，這一年不如尋求長輩之愛或媒妁之言這類突如其來的緣分、契機。從另一個角度看來，也會有可能發生忘年之愛，也就是一般常說的老少配，可能會認識年紀較長的異性，並且產生愛情的火花。

桃花強運風水

從風水的角度來看，要多重視父母的居家或臥房，父母臥室、孝親房應該盡量更明亮、更乾淨或擺設的提升，讓父母的風水更好，以帶動好的人氣、好的人脈。

1月
人脈運勢

代表星曜：左輔星、右弼星

所處宮位：官祿宮、夫妻宮

風水區域：辦公桌、主臥室

開運物品：貴人合照

農曆一月出生的朋友，二〇二〇年的左輔、右弼星坐落在官祿宮和夫妻宮。從不同角度來解釋，職場上可以說是左呼右應人脈好，你的信用額度、歷年來累積的商譽這時會備受肯定，並在口碑相傳之下，得到好業績。

其次，因為流年在夫妻宮，會有加分效果。如果是未婚的人，會因朋友介紹帶來桃花；如果已婚或已有情人，你會因另一半的幫助拓展人脈，不論是工作、健康、財運狀況，都因枕邊人或愛人的緣故提升貴人運。

人脈強運祕訣

今年碰到的貴人有可能是同事、客戶或心愛的另一半；如果目前的狀態既沒有工作也還沒有伴侶，建議你要加把勁，化被動為主動，才能爭取遇到更多貴人的機會。

1月 血光運勢

代表星曜：天刑星
所處宮位：子女宮
風水區域：小孩房 / 後陽台
化解方案：後陽台放置鹽燈

農曆一月出生的朋友，二〇二〇年的天刑星坐落在子女宮，這表示女性朋友們要小心這個年度可能會有流產、小產的危機，同時也代表了這年的「房事」可能會不太順利。

如果是年長者，可能會為了子女跌倒、受傷而憂心，也可能因為子女闖禍、與人爭鬥、打架或被開罰單、惹官司而煩惱傷神。

你有子女嗎？你想懷孕嗎？你的房事順利嗎？二〇二〇年要特別注意血光與官司的危機，包括了生產不利、懷孕不利、小孩受難、小孩闖禍的情形，各方面都要謹慎小心，才能減少危機發生！

破解血光開運方案

期待懷孕的女性朋友們，這一年裡若是進行人工受孕或是生產時，請考慮剖腹產，代表為了子女而挨刀、受血光；建議後陽台要多做功課，擺上鹽燈照亮空間，會有加分作用。

總論

農曆生月

2月

桃花運勢★★★
人脈運勢★★★★
血光運勢★★★

農曆二月出生的人，要多關心伴侶，減少口舌之爭。

今年的天姚星坐落在福德宮，因此要多多外出結識朋友、從事休閒活動，把握好機會就會得到休閒之愛，帶來好桃花。

而鼠年的貴人會是職場上的員工、部屬或子女，員工、部屬會幫你擴充好業績；子女的孝順和回饋會讓你享福，記得今年千萬不要單打獨鬥，才能借力使力，近貴得貴。

血光的部分，因為天刑坐落在流年的夫妻宮，代表「配偶帶刀」，記得凡事以和為貴，才可減少夫妻之間的爭執。也要留意可能是你的伴侶在今年有意外的血光或官司，除了要謹慎預防外，也要多陪伴、多關心對方。

2月 桃花運勢

巳 奴僕宮	午 遷移宮	未 疾厄宮	申 財帛宮
辰 官祿宮			酉 子女宮
卯 田宅宮			戌 夫妻宮
寅 福德宮（天姚）	丑 父母宮	子 本命宮	亥 兄弟宮

代表星曜：天姚星

所處宮位：福德宮

風水區域：休閒室 / 工作室

開運方式：擺放紅水晶或花卉

你想要追求愛情嗎？農曆二月出生的人，二〇二〇年的天姚星坐落在福德宮，顧名思義，就是「因果宮」、「福報宮」，累世的因果與福報會幫你加分，同時從現代的角度來看，福德宮也代表「興趣宮」，一般常說的口福、眼福、耳福，包括了畫畫、藝術、雕刻、美術、運動等範疇。

若你有藝術、畫畫或運動的長才，在這段時間中，藉由從事學習、教導或聯誼等活動所產生的桃花都是無人能比的！而喜歡插花、登山、游泳或騎自行車的人，也會產生休閒之愛，在這個新年度，只要懂得把握住這方面的機會，就能追求到好桃花。

桃花強運風水

家裡的休閒房或視聽室裡，可以擺上紅水晶或花卉，會對愛情加分。同時因修行福德，要有口福、眼福、耳福，帶愛人去看電影、嚐美食，產生的共鳴會更高，心花朵朵開，就會增加愛情成功的機率。

2月 人脈運勢

代表星曜：左輔星、右弼星

所處宮位：奴僕宮、子女宮

風水區域：客房／走道、小孩房

開運物品：壁燈

你的貴人藏在哪裡，要怎麼把他找出來呢？農曆二月生的朋友，二〇二〇年的貴人躲在奴僕宮和子女宮，快點把貴人找出來吧！左輔星坐落在奴僕宮，代表著貴人可能是你的員工、部屬，靠他們來幫你廣結善緣、擴充業務，讓你輕輕鬆鬆就可坐享成果。

而年紀稍長的朋友，恭喜今年好命啦！子女今年會更關心你、照顧你，除了提升你的生活品質，子女也有可能獲得友人相助、功成名就，進而好好回饋、孝順父母，所以今年對你來說絕對是人脈豐收的一年。

人脈強運祕訣

今年千萬不要單打獨鬥，要多和自己的團隊合作，才能創造無可限量的財源和好人脈。這年的親子關係極佳，建議你借力使力，多拉近和子女的關係，有近貴得貴的好兆頭！

2月
血光運勢

你們夫妻間的感情融洽嗎？會時常爭吵嗎？你會擔心伴侶受傷嗎？農曆二月生的朋友們，二〇二〇年天刑星這把刀正好坐落在流年的夫妻宮，代表配偶或枕邊人對你的要求非常多，講話直接、刻薄，甚至以激烈的言詞針鋒相對，稱為「配偶帶刀」。

所以也要留意配偶或枕邊人今年可能會有意外的刀傷、血光之災，需謹慎預防。從不同的角度切入，也有官司訴訟的愛情問題，可能伴侶或愛人被開罰單，或有出入警察局、法院的官司纏身，要多給予陪伴與支持，幫助另一半度過低潮。

破解血光開運方案

若夫妻間的感情亮紅燈，或與伴侶、愛人有所爭執，對方對你的要求可能像刀一樣犀利，深具傷害性，建議在臥室裡擺上百合花的盆栽，或擺放有牡丹花的畫作，可以幫忙化解不必要的爭吵與爭執。記得凡事以和為貴，小心謹慎，減少口舌之爭。

總論

農曆生月

3月

桃花運勢 ★★★★

人脈運勢 ★★★★

血光運勢 ★★★

農曆三月出生的人，要往外發展，與人廣結善緣。

鼠年的天姚星落在田宅宮，可能因為繼承家產或買賣房產提升愛情運，得到好桃花。因為「田宅」與「家」大有關係，所以要特別保持居家整潔、乾淨，才不會影響到好桃花。

另外，人脈走到財帛宮，代表今年的財運走「人脈財」，要積極擁抱各方人脈，而且，遠方的貴人特別多，所以要多往外地發展，不要畫地自限。

血光運勢的部分，因為天刑星坐落在兄弟宮，三月出生的人今年會有兄弟血光，與兄弟或好友的交往相處要更謹慎注意，也要盡量避免有金錢上的糾紛。

3月 桃花運勢

代表星曜：天姚星

所處宮位：田宅宮

風水區域：餐廳

開運方式：擺放太陽花（向日葵）

農曆三月出生的人，天姚星剛好是流年的田宅宮，桃花來自於房宅、田宅或土地，可能家人或親戚朋友會有喜事或婚訊；或是因為機緣巧合，置產的時候遇到對象，產生了一段緣分；也有可能是繼承家產或賣掉房地產，財運增加，連帶也提升了愛情運。

從另一個角度來看，也許是娶妳的人或嫁給你的人，本身帶有房地產，這就是二〇二〇年的風水之愛，讓桃花、好運都會加分。另外，若跟心愛的人共築愛巢、購屋、買房，會激發桃花的碰撞，更提高愛情成功機率，因為有共識、共房、同居，而大大提升踏上紅毯的機會。恭喜你！

桃花強運風水

在餐廳擺上太陽花、向日葵，可以提升風水之愛、居家之愛，對桃花大大加分。如果居家有過於陰暗的客廳，或潮濕、通風不好的房間，都會影響好桃花，要特別注意防範。

3月 人脈運勢

新的一年有沒有出外旅遊的計畫？農曆三月出生的朋友，將會發現二〇二〇年遠方的朋友會一直向你招手，問你要不要去旅遊或是投資？今年來自遠方的貴人特別多，當你前往全新、陌生的環境，不管是遊學、留學、出差或經商，都會受益於人際關係，可在異鄉廣結善緣，人脈暢達，好評不斷。二〇二〇年切記千萬不要畫地自限、固守家鄉，這會導致你的事業流年大大扣分。

而從另一個角度來看，人脈走到財帛宮，代表今年的財運是「人脈財」，所以要積極擁抱各方人脈，不要把財神爺推到門外！

人脈強運祕訣

與人廣結善緣，擁抱好人脈，建議可以在客廳前或大門外擺些花草植物，與今年的好人緣互相輝映，增加好氣場。

3月 血光運勢

代表星曜：天刑星

所處宮位：兄弟宮

風水區域：客房

化解方案：客房可以擺放晶洞，並且保持窗明几淨

農曆三月生的朋友，二〇二〇年有兄弟鬩牆、反目成仇的危機。從親情面來看，兄弟姊妹中可能有人遇到血光、刀傷或經歷手術，建議你可以多付出一點愛心及關懷。

由於這個年度處於兄弟鬩牆、反目爭執的運勢，從另一個角度來看，可能是你誤交損友，或小人背後帶刀，甚至可能遇到金錢糾紛而有持刀相向、鬥毆的危機。或因為你重情重義，為了朋友闖禍而被牽連，背書、借貸、標會等事由，演變成為了錢財以刀反目相向。也有可能是與情同手足的朋友出遊，因朋友運氣不佳而被連累，導致血光，所以在擇友、交友上要更加謹慎。

破解血光開運方案

今年不論是交友或是朋友的朋友，來的可能都是帶刀的，造成的傷害也很大，要謹慎注意。居家有客房的話，除了保持窗明几淨，也可以擺上晶洞，讓石敢當幫你擋掉不必要的刀傷及爭執。

總論

農曆生月 4 月

桃花運勢★★★★★
人脈運勢★★★★
血光運勢★★★

農曆四月出生的人，今年桃花會落在官祿宮，代表桃花與你的工作或學業大大相關，多留意身邊的同事或同學，真命天子可能遠在天邊、近在眼前！

人脈方面，因為左輔星、右弼星落在疾厄宮，代表舊疾、病痛不會再糾纏你，身體健康，人脈自然來，把握好今年，適度運動，養好身體，就會帶來滿滿的財富！

最後血光的部分，今年可能會有罰單或官司纏身，但也不用過度擔心，建議可以利用捐血或小手術來化解大血光，就能使危機遠離。

4月 桃花運勢

代表星曜：天姚星
所處宮位：官祿宮
風水區域：書桌 / 辦公室
開運方式：書桌或辦公桌面上擺放錢幣

你有在工作嗎？有在讀書嗎？還是失業了呢？農曆四月出生的人，二〇二〇年的桃花來自於職場和校園。你的工作內容是否會與異性有所接觸呢？如果你的工作一直無法接觸異性，那麼就會減弱職場桃花。如果想以桃花為重、工作為輔，建議可以考量是否要轉換工作跑道，選擇接觸異性機會多的工作。

但如果你目前已經身居高位，或在職場上人脈很好，千萬不要鬆手，不要錯過大好機會，心愛的人或未來的真命天子，可能就在同事或同學之中，這個年度是屬於職場桃花大放異彩的好機會，遇到心儀的對象，千萬不要羞澀，要勇敢說愛，就會有職場的大桃花出現。

桃花強運風水

從風水的角度來看，在書桌或辦公桌的桌面上，擺放上一些真正的錢幣，代表二〇二〇年財運亨通，錢財滾滾而來，也會對你的好人氣、好運氣瞬間加分。

4月
人脈運勢

巳 奴僕宮	午 遷移宮	未 疾厄宮（左輔、右弼）	申 財帛宮
辰 官祿宮			酉 子女宮
卯 田宅宮			戌 夫妻宮
寅 福德宮	丑 父母宮	子 本命宮	亥 兄弟宮

代表星曜：左輔星、右弼星
所處宮位：疾厄宮
風水區域：後陽台／廁所
開運物品：黃金葛

你是否有宿疾纏身，或是之前在工作上常力不從心、被身體拖累失去賺錢的大好機會？農曆四月生的朋友，二〇二〇年你的疾病將完全康復、痊癒，重獲健康，讓你鬥志滿滿，精力、腦力充沛，不論是依靠勞力或靠腦力賺錢的工作，都能獲利。

把握今年，你的健康就是財富，適度運動，注意飲食、養生，把身體養好，就會有活力，有活力，就等於有財力！你不會再為病痛所苦，也不再因為身體衰弱而少賺，反而會因為體力、戰鬥力，讓賺錢的機會如雪花般飛來。

人脈強運祕訣

不妨利用更多時間鍛鍊身體，並注意不要有感冒或病痛上身，避免血光之災，讓自己處於健康滿分的狀態，今年貴人出現的方向，就是「健康財富、財富健康」，把握好方向，才能把握大財運！

4月 血光運勢

巳 奴僕宮	午 遷移宮	未 疾厄宮	申 財帛宮
辰 官祿宮			酉 子女宮
卯 田宅宮			戌 夫妻宮
寅 福德宮	丑 父母宮	子 本命宮（天刑）	亥 兄弟宮

代表星曜：天刑星

所處宮位：本命宮

風水區域：客廳

化解方式：客廳茶几上擺放魚缸

你害怕開刀、打針嗎？農曆四月出生的朋友們，二〇二〇年的血光就在你身邊！所謂的血光，泛指整牙、繡眉、穿耳洞或是運動傷害等等都包括在內，而且無處不在，洗澡滑倒、爬樓梯跌倒、騎車摔車都很有可能，是「自身血光」連連的一年。如果可以提早預防，也是化解血光的好方法，包括藉由割盲腸或雙眼皮之類的小手術，都是以小血光來預防、化解、面對危機的方式。

針對天刑星落在本命宮的情形，也有可能出現輕則罰單、重則官司的血光，官司指的是告人或被告都有可能，有可能因為小爭執就鬧上法院，對簿公堂，越演越烈，千萬要謹慎注意。

破解血光開運方案

從居家風水的角度來看，如果要避開血光、刀光的危害，可以在客廳的茶几上放置小魚缸，養養魚，種種水草，讓水質保持乾淨清澈，魚群活絡，才可以避免不必要的爭執發生。

總論

農曆生月 5月

桃花運勢 ★★★★

人脈運勢 ★★★★★

血光運勢 ★★★

農曆五月出生的人，二〇二〇年的人際關係落在財帛宮，代表人脈就是錢脈，多與同學、朋友或客戶提升關係，廣結善緣。這一年的貴人會來自遠方，建議你勇敢走出去，前往全新或陌生的環境，越遠的人際關係對你的好處越多！

桃花部分，鼠年要多參加聚會，多與朋友、同事、晚輩互動，就能增加好桃花。如果不懂得把握朋友桃花，反而會收到很多朋友的紅色炸彈！

最後，血光的運勢因為天刑星坐落在流年的父母宮中，這一年要多關心父母，當彼此觀念有所衝突時，要以孝順為重，並且多留意父母的安全，檢視居家環境，將意外傷害的發生減至最低。

5月 桃花運勢

農曆五月出生的朋友們，你有福了！二〇二〇年藉由部屬或晚輩的介紹，產生桃花的機率非常高；不過機會可是稍縱即逝的，如果錯失良機、不懂得把握朋友桃花的話，反而會變成收到朋友的紅色炸彈。

想遇到好桃花，對平時交情濃厚的晚輩、部屬、員工，可主動透露想脫離單身的需求，這時你會發現，很多人認為你條件很好，也願意主動幫你介紹更多的對象，稱為「部屬桃花」、「晚輩桃花」；也可能因為功成名就，在某些領域受到肯定，而產生晚輩之愛、仰慕之愛。在情況允許之下，亦不失為一個好選擇；但如果已婚，要當心師生戀的情況，千萬謹慎，才能預防不倫的危機。

桃花強運風水

從風水的角度來看，建議在走道、樓梯間多擺設一些與好友的合照，並且切記要完全淨空樓梯間與走道，才能為自己創造提升好風水、好運氣、好桃花的機會。

5月 人脈運勢

農曆五月生的朋友，二〇二〇年的人際關係落在財帛宮，代表這一年要賺的是合夥財、應酬財，如果有人邀請你入股但你放棄、或是有交際機會卻不想參加，就等於把財神爺推到門外！今年的獲利模式就是要藉由人際網絡賺錢，多與同學、朋友或客戶提升關係，經營出人緣口碑，也許只是因為對方的一句話，就提高你的財運，大家各分一杯羹。

而今年的貴人則是來自於遠方，也許是國外，也許是異鄉，越遠的朋友越有可能向你招手，可能是新的合作關係，或是新的事業投資，在新的一年裡千萬不要心繫「宅」經濟，畫地自限，鼓起勇氣前往全新或陌生的環境，越遠的人際關係對你越受益，你就放心地在異鄉廣結善緣，好好地在事業上衝一波吧！

人脈強運祕訣

與人廣結善緣，擁抱好人脈，建議可以在客廳前或大門外擺些花草植物，與今年的好人緣互相輝映，增加好氣場。

5月

血光運勢

代表星曜：天刑星

所處宮位：父母宮

風水區域：孝親房

化解方式：貼上顏色明亮的壁紙

你孝順父母嗎？你擔心父母今年的運勢嗎？農曆五月出生的朋友，二〇二〇年的血光會聚集在父母身上，要注意父母是否年事已高，他們的工作是否有危險性，或有慢性疾病纏身嗎？今年特別關心父母的狀況，提高對父母的警覺性，如果與父母同住，要特別注意父母的安全，包括爬樓梯、雨天外出、浴室洗澡、遠行等，以及母親在廚房準備炊事時，是否有燙傷、灼傷的危險？各方面都要對父母盡更多的孝心。

除此之外，也有可能是父母對你的期許特別高，或是給你特別大的精神壓力，面對父母施加的壓力，不要逃避或厭煩，而是要勇敢面對，才能為父母化解不必要的血光。

破解血光開運方案

今年與父母的想法、觀念有所衝突時，記得提醒自己：百善孝為先，凡事以孝順為重。如果居家有父母房或孝親房，要保持良好通風，若有壁癌要徹底去除，最好可以貼上亮麗的壁紙，以化解血光的危機。

總論

農曆生月

6月

桃花運勢 ★★★

人脈運勢 ★★★★

血光運勢 ★★★★

農曆六月生的人，新的一年要有節制力，避免樂極生悲！

今年的桃花落在遷移宮，代表想要戀情開花結果的話，就要勇敢走出去，不要故步自封、畫地自限，好桃花才會朵朵開！

如果有生兒育女的打算，恭喜你，今年會是受孕、添丁的好時機，要好好把握！另外，人脈落在奴僕宮，表示如果想在事業上有所成長，一定要多與晚輩、部屬、朋友合作，單打獨鬥將會非常辛苦，要結合團隊的力量，借力使力，才能創造好成績、讓你心想事成。

最後，今年的血光落在福德宮，從事休閒活動或運動時，要特別注意自身安全，小心防範，也不要玩物喪志、過度沉迷，否則都會變成你的血光危機！

6月 桃花運勢

代表星曜：天姚星

所處宮位：遷移宮

風水區域：大門外／前陽台

開運方式：前陽台上擺設各種花枝招展的盆栽

你有遠行的機會嗎？農曆六月出生的朋友，二〇二〇年會有異地、他鄉桃花和旅行、遠行桃花的機會。到外地經商從事正派的簽約、勘景等，可能會認識仰慕你的人，但千萬不要涉及聲色場所，因為爛桃花指數會非常高；到外地遊學時，異地桃花也很強烈，因為對環境不了解，可能有熟悉當地的朋友對你付出很多關懷，產生了情愫。

這種異地桃花，也可能是外地的緣份對你招手，只要是出生地以外、包括南北距離之差的朋友，都有可能會非常愛慕你、想追求你，而產生濃烈的愛情。想追求真愛的話，千萬別故步自封、墨守成規，勇敢走出去才有好桃花。

桃花強運風水

從居家風水的角度來看，建議在居家的前陽台上種植太陽花、向日葵之類的盆栽，或是擺設花枝招展的盆栽造景，有可能會幫助你產生難以想像的好桃花。

6月 人脈運勢

代表星曜：左輔星、右弼星

所處宮位：子女宮、奴僕宮

風水區域：客房 / 走道、小孩房

開運物品：壁燈

農曆六月生的朋友，二〇二〇年的左輔、右弼星坐落在子女宮和奴僕宮，新婚的朋友可以藉由今年的機會認真「做人」，是添丁、生孩子的好時機；如果已為人父或為人母，恭喜你，子女今年會更貼心、關心、照顧你，讓你坐享孝順之心；如果是年齡稍長的朋友，子女會因為得到貴人相助而功成名就，進而回饋、孝順父母。

另一方面，貴人躲在奴僕宮，也就是說員工或下屬很可能就是你的貴人，他們的人脈會超乎你的期待，靠他們的廣結善緣、業務擴充、業績達成，讓你可以借力使力，不妨多放權利給他們，靠他們幫你獲利，坐享豐收的一年。

人脈強運祕訣

今年千萬不要單打獨鬥，要多和自己的團隊合作，才能創造無可限量的財源和好人脈。這年的親子關係極佳，建議你借力使力，多拉近和子女的關係，有近貴得貴的好兆頭！

6月

血光運勢

你喜歡騎車、游泳、登山、彈跳嗎？農曆六月出生的朋友，平時活潑好動、休閒娛樂不輸人、技藝樣樣出眾，但是，二〇二〇年要特別注意，小心樂極生悲！

打籃球、踢足球，都有可能滑倒受傷，甚至送醫；從事騎馬、彈跳、跳水、登山等活動時，可能會有骨折、脫臼等血光危機；如果是從事高危險性的休閒活動，諸如拳擊、搏鬥等等，就更要當心，記得防護準備要做得更周全。

另一方面，也許你很會打麻將、玩電玩，但日以繼夜沒有好好休息，導致精神上、身體不能負荷，或造成腸胃方面的疾病，這一年也要特別注意因為玩物喪志而導致身體的敗壞。

破解血光開運方案

從居家風水的角度來看，如果家裡有休閒室的話，除了要隨時保持乾淨整齊，建議也可以放上一盞桌燈，增加空間亮度，也能照明你的危機，使傷害遠離！加油！

總論

農曆生月

7月

桃花運勢★★★★
人脈運勢★★★★★
血光運勢★★★

農曆七月出生的人，二〇二〇年要注意居家風水血光！

長年以來困擾你的舊疾，在今年會獲得改善，身體有望變得健康有活力，也因此吸引到桃花接近，得到健康之愛的機會大大提升。

人脈方面，因為流年在夫妻宮，如果是未婚者，會因朋友介紹而帶來桃花，好好把握，不要錯失好機會。已經結婚或有對象者，今年會因為另一半的幫助拓展人脈，而在職場上左呼右應。

血光運勢方面，因為今年天刑星坐落在田宅宮，表示今年的血光容易在家中發生，要特別重視居家安全，如果有年久失修的地方要盡快維修，老舊的設備也要趕快汰換更新，避免意外的發生。

7月 桃花運勢

代表星曜：天姚星

所處宮位：疾厄宮

風水區域：廁所

開運方式：廁所或浴室安裝壁燈

健康就是財富，要有好桃花，就要有好健康，農曆七月出生的朋友，可能舊疾痊癒、或慢性疾病改善了，不會再影響你的情緒，或因運動、養身或調養得宜，身體恢復到健康的狀態，桃花不再受到身體狀況的影響，你有健康的身體、明亮的雙眼、具戰鬥力的體格，除了工作順利外，對於追求異性也自信滿滿。就算你平時不常運動，也可藉由運動、休閒、養身，花點小錢得到健康之愛。

另外，體態也代表健康，二〇二〇年可藉由微整形、瘦身或抽脂，讓身材更迷人，也會大大提升對異性的吸引力，產生健康、美麗、身材之愛。因為身材的滋養，包括房事等各方面的表現也備受稱讚。

桃花強運風水

從居家風水的角度來看，建議可以在廁所或浴室裡擺上黃金葛盆栽，如果條件允許的話，最好在廁所或浴室裡安裝壁燈照明、增加光源，讓你的健康更亮麗，愛情更豐富。

7月

人脈運勢

代表星曜：左輔星、右弼星

所處宮位：夫妻宮、官祿宮

風水區域：主臥室、書桌

開運物品：大量鮮花

今年的貴人如何左呼右應呢？農曆七月出生的朋友，二○二○年的左輔、右弼星坐落在夫妻宮和官祿宮。因為流年在夫妻宮，如果未婚，會因朋友介紹而帶來桃花；如果已婚或已有情人，今年會因為另一半的幫助拓展人脈，而在職場上左呼右應，人脈奇好，不論是工作、健康、財運狀況，都因枕邊人或愛人的緣故提升貴人運。

另一方面這種加分效果，也會讓歷年來累積的商譽備受肯定，開始在口碑相傳之下，不斷累積出好業績，而且信用額度也會加高再加高，今年可望在職場上獲得好掌聲。

人脈強運祕訣

包括同事、客戶或心愛的另一半，都可能是你今年碰到的貴人，所以，如果現身邊還沒有固定的伴侶，建議你快點加把勁，化被動為主動，要先有好姻緣，才能多多爭取遇到貴人的機會。

7月
血光運勢

代表星曜：天刑星

所處宮位：田宅宮

風水區域：餐廳

化解方案：餐廳裡擺放菊花

農曆七月出生的朋友，二〇二〇年要當心「閉門家中坐，禍從天上來」，也就是所謂的「風水之傷、田宅之傷」。可能是衛浴設備不當、或地滑跌倒送醫、或下廚時造成燒燙傷，都是屬於居家之內的血光。記得一定要保持居家的好風水，確保良好的採光及通風。

如果採光不好、通風不良，居家內就會濁氣、濕氣、臭氣橫生，導致慢性病、風水病纏身。風水病通常是指憂鬱症、多慮、躁鬱、睡眠不佳等，在這年發生的機率會很高。

屬於田宅的血光，像房地產買賣、店面租賃、裝修等，可能都會引起是非、官司糾紛，因此購屋、賣屋、租屋都要小心！

破解血光開運方案

噪音很有可能影響到睡眠，導致健康不佳，因此要特別注意床位的擺設方位，提升睡眠品質。建議在居家餐廳裡擺上大量的菊花，可以幫助遠離危機。

總論

農曆生月

8

月

桃花運勢 ★★★★

人脈運勢 ★★★★★

血光運勢 ★★★★

農曆八月出生的人，二〇二〇年請放心談戀愛吧！

今年的天姚星坐落在財帛宮，代表會有「財富桃花」上門，走一個毋需擔心金錢的桃花運，好好把握這個談戀愛的好時機吧！

另外，今年的大貴人就是你的兄弟姊妹，也包括堂、表兄弟姊妹或結拜兄弟，他們會幫助你在今年破解危機、提升事業。田宅運勢也大加分，可能因為房產的買賣帶來好運勢。

血光運勢方面，因為天刑星落在官祿宮，血光可能與工作息息相關，職場上千萬小心，不要太勉強自己而造成職業傷害，量力而為，才是保平安的最好方法。

8月 桃花運勢

農曆八月出生的朋友，二〇二〇年的天姚星坐落在財帛宮，屬於「財富之愛」。恭喜你！你可能因為有錢而談戀愛，也可能因為談戀愛而變有錢。從不同角度來看，可能會遇到捧金戴玉、身價高、多金的異性，為了追求你，不論是美金、人民幣、精品或很多的禮物都捧來送給你，屬於多金的戀愛。

反過來思考，也可能是因為你在這一年進帳豐碩，懂得買精品、捨得裝扮自己、改變造型，讓自己更亮麗、更迷人，賺了錢來美麗自己，就會產生愛情。因與果互相糾葛、交叉加分，不是用錢買愛情，比較像是有錢好辦事、有錢人自來，今年極有可能遇到高、富、帥的對象，要把握談戀愛的好機會！

桃花強運風水

「富」是今年追求愛情的主要方向，不要在意外貌，重視對方的資歷及背景，就有成功的機會。居家風水方面，廚房代表財庫，在廚房或米缸放晶洞或鹽燈，都是大大提升愛情的方法。

8月

人脈運勢

代表星曜：左輔星、右弼星

所處宮位：兄弟宮、田宅宮

風水區域：客房 / 走道、餐廳

開運物品：家人合照

農曆八月出生的朋友，屬於人脈的左輔星和右弼星，二〇二〇年會坐落在兄弟宮和田宅宮，代表你的貴人藏在兩處：一是親戚朋友，二是在兄弟姊妹之中。就算和對方平時不太往來，今年一定要把兄弟姊妹視為重要貴人，其中也包括堂、表兄弟姊妹或結拜兄弟，都是能幫你化解危機的關鍵。他們的一句好話、口耳相傳或介紹人脈給你，都對商場上的口碑有所幫助。

從另一個角度看，二〇二〇年的貴人也會出現在田宅宮，因為朋友或客戶介紹買賣房地產的獲利機會很大，也因為居家、辦公室風水得宜，貴人左呼右應而來。

人脈強運祕訣

建議農曆八月出生又從事房地產工作的朋友，一定要把握今年的大好機會，和親戚、家人、手足打好關係，讓家人不只是家人，而是能幫你開心數鈔票的好夥伴。

8月 血光運勢

代表星曜：天刑星

所處宮位：官祿宮

風水區域：書桌／辦公桌

化解方案：避免工作上的勞心勞神

你有職場上的危機嗎？你在工作上很投入嗎？你屬於要錢不要命的個性嗎？你是警察嗎？需要飛車追逐罪犯嗎？你的工作需要攀爬、或是跋山涉水嗎？你的工作需要挑戰危險嗎？農曆八月出生的朋友們，二〇二〇年千萬要小心職業造成的危機及傷害，謹記不要單獨出勤、獨自行動，要與群體一起並肩作戰，才能藉貴得貴、藉力使力，遠離職場上的危機。

如果是從事交通運輸業的朋友，千萬不要熬夜開車、更不能酒後駕車，否則也會造成工作上的傷害。另外，如果有因為工作造成脊椎或頸椎的問題，這一年可能會更惡化，衍生更多疾病，職業病就在你的身旁，千萬小心。

破解血光開運方案

小心工作過度而勞心勞神，導致無法注意力不集中所帶來的職業傷害。除了身體病痛外，也要注意職場官司與罰單、稅金等糾紛發生，危機就在身旁，千萬要小心謹慎。

總論

農曆生月 9月

桃花運勢 ★★★★
人脈運勢 ★★★★★
血光運勢 ★★★★

農曆九月出生的人，二〇二〇年要提防小人帶刀。

天姚星落在「子女宮」，代表今年房事順利，甚至可能有一夜情的機會！如果是年紀大的朋友，恭喜你可能是家有喜事，晚輩、子女可望在今年步入婚姻，要鼓勵晚輩子女們好好把握！

人脈方面，今年是適合吃喝玩樂的一年，記得多從事休閒運動，不僅會為你帶來好運勢，也是結交貴人的好機會。也因為人脈運大好，不僅不會犯小人，貴人也無處不在，近貴得貴，人脈帶來財富，好好把握！

血光運勢方面，今年的天刑星坐落在奴僕宮，要提防小人暗箭、被晚輩拖累以及血光官司上身，遇事須謹慎，隨時保持心平氣和。

9月
桃花運勢

代表星曜：天姚星
所處宮位：子女宮
風水區域：後陽台
開運方式：保持空間通風，採光明亮

桃花分主動桃花、被動桃花，也有我們所說的「肉身桃花」。農曆九月出生的朋友，二〇二〇年有肉體、肉身桃花的機會，房事、床事表現順利，並且會因此得到異性青睞；但換個角度，也就是說有發生一夜情的可能，而且因為天姚星坐落在子女宮，可能乾柴烈火，一發不可收拾，導致懷孕。

如果已婚或有此意向，可以順理成章創造新生命；但如果是婚外情或一夜情的對象，千萬要小心懷孕危機，做好萬全防備。如果是年長者，代表你的子女、晚輩喜事成雙的可能性很大，要多鼓勵晚輩們談戀愛，才不會錯過好桃花的機會。

桃花強運風水

從居家風水的角度來看，居家的後陽台就代表著後代子孫的舞台，有壁燈照明的話，記得要打開，並且保持空間的通風，採光要明亮，才能創造後代子孫綿延的大好機會。

9月 人脈運勢

代表星曜：左輔星、右弼星
所處宮位：本命宮、福德宮
風水區域：休閒室、客廳
開運物品：紅地毯、聚寶盆

農曆九月出生的朋友，二〇二〇年的左輔星落在本命宮，代表可能有優異的考試運，會拿到某種執照或升官，也可以說你反而會變成別人的貴人，吸引很多人前來接近你、向你求助，人脈就像雪球般滾動，水漲船高，屬於你的貴人自然也無處不在，特別是會有來自平輩的貴人，近貴得貴，互相得利。

右弼星出現在福德宮，代表你從事打球、游泳、跑步、下棋等休閒活動時，周遭的朋友會對你的事業運有所助益，甚至因為打一場球局、下一場棋局或爬個山都可能巧遇貴人。因為平常經營出好人脈、好名聲，交遊廣闊，在這年不但不會犯小人，還會獲得眾口交相稱讚。

人脈強運祕訣

屬於人脈財的機會源源不絕而來，別忘了，賺到的錢不要忘了投資在休閒項目，休閒可以賺錢，賺錢可以休閒，可從中發現貴人，二〇二〇年是流年大放異彩的大好機會。

9月

血光運勢

代表星曜：天刑星

所處宮位：奴僕宮

風水區域：走道 / 樓梯間

化解方案：放置貴人與朋友的合照

農曆九月出生的朋友，二〇二〇年的天刑星坐落在奴僕宮，可能有「小人背後帶刀」的危機。有時候與路人擦身而過，一言不合就大打出手；也可能是與你的結拜兄弟、朋友、學弟妹們積怨已深，彼此忍耐過久，而爆發肢體衝突；或是被部屬或員工背叛、陷害、搶走客戶、眾叛親離，造成反目成仇；甚至是因為員工或晚輩闖禍，帶來很多工作上的負擔，引起嚴重的破財。

所以，在這個小人帶刀的年度裡，除了要注意學弟妹、部屬、晚輩們有可能會拖累你，也要提防身邊的親信，包括合夥人都可能暗藏危機，更要特別小心官司血光。

破解血光開運方案

從居家風水的角度來看，可以在居家的走道、樓梯間放上一些與貴人的合照，或是同事、朋友們的團體照，藉力使力、一呼百諾，化解不必要的爭執，遠離危機的傷害。

總論

農曆生月

10月

桃花運勢 ★★★★★
人脈運勢 ★★★★
血光運勢 ★★★

農曆十月出生的人，二〇二〇年要多做善事，以減少血光危機。

大家最關心的桃花運，今年會自己送上門來，走到哪都有人追求，要找對象、想結婚的人要好好把握這個機會。但已經結婚的人，可能會有婚外情發生的危機，要小心！

這一年，父母就是你的貴人，除了父母的人脈會變成你的人脈，也會轉化成你的錢脈及助力，記得多和父母相處，有問題時要多求助父母的意見。

因為天刑星落在遷移宮，今年的血光大多都是居家以外的區域，如果有計畫要外出遠行的人，千萬要謹慎加小心，能避則避。

10月
桃花運勢

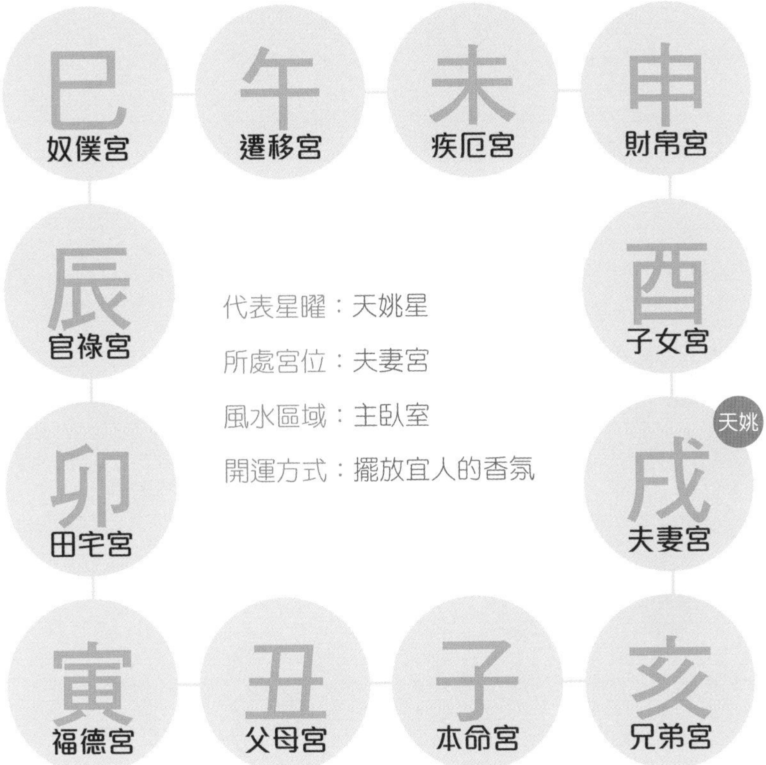

代表星曜：天姚星
所處宮位：夫妻宮
風水區域：主臥室
開運方式：擺放宜人的香氛

你覺得自己很有魅力嗎？是否有人倒追你呢？農曆十月出生的朋友，二〇二〇年有「被動桃花」的機運。可能你不主動去追求，但是電話不斷、私訊很多，走到哪都有人對你投懷送抱，或是有愛慕者出現，常常送禮給你，追求者有如過江之鯽！

如果未婚的話，這一年擇偶機會大大提升，屆臨適婚年齡或有意在此的話，可以多多考慮對方條件是否合適；但如果是已婚的身分，代表可能有婚外情發生的危機。也就是說，這一年就算你不主動追求，追求你的人也會很多，是結婚的大好機會，如果錯過這年，可能要等上三、五年才會再有機會，所以要懂得把握被動桃花的好機緣！

桃花強運風水

從居家風水的角度來看，要多注意臥室的細節，床單要整潔，不要有異味，照明不要太陰暗，地板不宜有太多破裂的情況，天花板或牆壁最好不要有壁癌，才會大大提升你的被動桃花。

10月 人脈運勢

代表星曜：左輔星、右弼星

所處宮位：父母宮

風水區域：孝親房

開運物品：鹽燈、開運佛像

農曆十月生的朋友，你的左輔星、右弼星一定坐落在「丑」這個跟著你一輩子的宮位，而二〇二〇年它會來到父母宮，代表父母和你相處起來就像手足平輩，彼此之間的關係就像朋友，沒有距離、無話不談，可以互相開開玩笑、一起結伴旅遊。

在這個年度裡，父母親會無條件支持你、贊助你，或幫你介紹朋友、廠商、拓展人脈。可能有機會繼承家裡的事業或家產，或是接手父母的重要人脈，承接轉化他們的貴人，吸收變成自己的貴人。因此，不妨勇於跟著父母參加朋友或客戶的交際應酬，對於父母原本已建立的人脈，不要輕言鬆手。

人脈強運祕訣

今年要尋找貴人、建立人脈，不妨多聽聽父母的寶貴建議，他們的經驗能幫助你增長智慧、見聞，讓你左右逢源，碰到危機也可迎刃而解，父母就是你今年的大貴人！

10月 血光運勢

代表星曜：天刑星

所處宮位：遷移宮

風水區域：大門外 / 客廳前

化解方案：前陽台擺放桂花或夜來香

農曆十月出生的朋友，在二〇二〇年裡，出門在外可能會狀況連連！包括出外簽約被騙、開車罰單收不完，也可能出外發生小小的交通事故。建議你開車保持心情歡愉，小心駕駛，千萬不要酒駕，盡量不要單獨開車，多選擇乘坐大眾交通工具，才能藉由眾人的福氣，讓你遠離出外的危機。

由於天刑星坐落在遷移宮，這一年容易有「遠方血光」、「異地血光」的危機。離開出生地或居家，一踏出門可能就莫名跌倒、受傷。從事危險性高或有安全疑慮的運動、休閒活動時，更要小心翼翼，可能別人沒事，你卻要付出很大的代價，輕則小血光，重則官司、賠錢。

破解血光開運方案

這一年要多行善、多幫助別人、多捐款、多做善事；在前陽台擺上桂花或夜來香，都可以加分；客廳大門前不要放置雜物、不可垃圾成堆，才能化解不必要的遠方危機。

總論

農曆生月 11月

桃花運勢 ★★★
人脈運勢 ★★★★
血光運勢 ★★★★

農曆十一月出生的人，二〇二〇年要與朋友多相處，多多參加朋友聚會，今年的貴人就在朋友圈裡。

而且你會發現，今年身邊的朋友都邁入婚姻生活，趕快努力多沾沾朋友的喜氣，今年就是要靠朋友幫助，好桃花才會隨之而來，千萬不要自己宅在家。

這一年的貴人運落在福德宮，代表很適合和朋友一起吃喝玩樂，透過這些相處得到好運氣，進而得到貴人相助、財運提升！

最後，血光運勢方面，今年要小心舊病復發或慢性疾病惡化，多留意生活飲食，好好保養身體。不妨安排一些必要的小手術，或是透過捐血、微整形，以小血光來化解大血光的危機！

11月
桃花運勢

農曆十一月出生的朋友，二〇二〇年可能會突然發現身邊年齡相仿的兄弟姊妹們、情同手足的好友們都一個個結婚生子，但就是輪不到你身上！因為今年的天姚星落在兄弟宮，所有的桃花和喜訊都落在兄弟姊妹和朋友身上了，建議未婚的人，要多多和有喜事的朋友出遊、參加他們的聚會，沾染他們身上的喜氣與歡樂的氣息，或是參加他們的婚禮，搶一下捧花，藉此得到幸運。

這一年裡，可以藉由朋友對你的認知、肯定及讚美，創造朋友之愛、同學之愛，並且透過朋友、同學的介紹，多多參加他們舉辦的聚會，才能得到好的桃花，將自己亮麗地推銷出去！

桃花強運風水

從風水的角度來看，如果居家有客房，可以掛上山水、竹子之類的中式毛筆畫，都會大大增加朋友幫助你的機會，借力使力揮灑桃花運勢。

11月

人脈運勢

代表星曜：左輔星、右弼星

所處宮位：福德宮、本命宮

風水區域：休閒室、客廳

開運物品：紅地毯、銅板

農曆十一月出生的朋友，今年的貴人左輔星在福德宮，代表一起從事打球、游泳、跑步、下棋等休閒活動的朋友，對你的事業運大有助益，甚至因為打了一局好球，或是下了一場棋局、一起爬個山，都可能巧遇貴人！因為平常經營出好人脈、好名聲，屬於交遊廣闊類型，二〇二〇這一年不但不用怕會犯小人，還會有貴人源源而來相助。

而今年的貴人右弼星落在本命宮，不但貴人源源不斷，而且因為有超強的人脈好運，反而會變成其他人的貴人，吸引很多人來接近你，你的本命就是幫助他們，讓人脈像雪球一樣越滾越大，身價水漲船高，吸引更多貴人來靠近你，近貴得貴，對人際關係的提升將是無可限量！

人脈強運祕訣

人脈就是錢脈，這一年人脈財的機會會源源不絕而來，建議你賺到的錢可以投資在休閒項目，休閒可以賺錢，賺錢可以休閒，相輔相乘，吸引更多貴人出現。

11月
血光運勢

巳 奴僕宮	午 遷移宮	未（天刑） 疾厄宮	申 財帛宮
辰 官祿宮			酉 子女宮
卯 田宅宮			戌 夫妻宮
寅 福德宮	丑 父母宮	子 本命宮	亥 兄弟宮

代表星曜：天刑星
所處宮位：疾厄宮
風水區域：廁所
化解方案：放置黃金葛，安裝壁燈，加強氣場

你有慢性疾病嗎？是否有一些小手術還沒進行呢？農曆十一月出生的朋友們要注意了，二〇二〇年這一年，該動的手術不要逃，該流的血光就要流！有時可以去捐血、或拔顆牙齒、或是藉機繡眉，流一點小血光對今年大有好處。

也就是說，既然無法避免血光的發生，不如順命、認命，用小手術化解大血光，所以年輕的朋友們，如果有需要割包皮、盲腸的情況，鼓勵你在這時去動手術；愛美的朋友們，如果想做微整形，也可以選擇在這時破財消災，讓血光適可而止；否則可能會因為自身的身體疾病，造成不必要的大血光。

破解血光開運方案

血光不可怕，可怕的是不去面對，越躲危機越大，從小血光變成大血光。建議可以在廁所放置黃金葛，並且安裝壁燈來加強照明，讓氣場變得更好，也會減少慢性疾病的惡化。

總論

農曆生月 12月

桃花運勢 ★★★★★
人脈運勢 ★★★★
血光運勢 ★★★★

農曆十二月出生的人，二〇二〇年賺錢之餘，也要好好愛護身體！

今年的天姚星坐落在本命宮，代表「主動桃花」，所以今年不要被動、內向，而要主動出擊，勇敢追求真愛，桃花的成功機會很高！

貴人方面，兄弟姊妹和結拜朋友就是你的大貴人，多與手足、朋友互動，才會提升好人脈、好運氣。今年在買賣房產上的獲利空間也會很大，不妨可以考慮投資。

今年也要小心血光，你可能會為了賺錢讓身體超過負荷，健康會出狀況。財多反而體弱，記住，健康才是最重要的本錢，賺錢要先衡量體力，才不會得不償失。

12月 桃花運勢

巳 奴僕宮	午 遷移宮	未 疾厄宮	申 財帛宮
辰 官祿宮			酉 子女宮
卯 田宅宮			戌 夫妻宮
寅 福德宮	丑 父母宮	天姚 子 本命宮	亥 兄弟宮

代表星曜：天姚星
所處宮位：本命宮
風水區域：客廳
開運方式：擺放牡丹花或放置畫有牡丹的繪畫

農曆十二月出生的朋友，二〇二〇年因為天姚星坐落在本命宮，有桃花星照耀著你，跟前幾年比起來，你會像變了一個人似的，內向轉外向，不再保守，更主動追求愛情，甚至有閃電結婚的機會！

所以這一年的課題就是不要再等待，主動追求喜歡的異性，除了勇敢向對方表白之外，更要主動提出一起去看電影、用餐、運動、出國等邀約。俗話說情人眼裡出西施，這一年你可能會成為很多適婚者眼中的情人，你的眼神、談吐、穿著都處處散發出吸引異性的魅力，桃花成功的機率很高！記得，一切都要採取主動，擺脫內向、被動的心態，把握追求真愛、走入婚姻的大好機會，才不會埋沒了這一片好桃花。

桃花強運風水

居家風水方面，可以在客廳中擺放牡丹花，或放置畫有牡丹的繪畫，增加貴氣桃花，如此一來，不管主動邀約心儀的對象，或是勇敢表白，成功機率都很高！

12月

人脈運勢

巳 奴僕宮	午 遷移宮	未 疾厄宮	申 財帛宮
辰 官祿宮			酉 子女宮
左輔 卯 田宅宮			戌 夫妻宮
寅 福德宮	丑 父母宮	子 本命宮	右弼 亥 兄弟宮

代表星曜：左輔星、右弼星

所處宮位：田宅宮、兄弟宮

風水區域：餐廳 / 客房、走道

開運物品：

你想發財嗎？農曆十二月出生的朋友，左輔星和右弼星坐落在田宅宮和兄弟宮，代表因為朋友或客戶介紹而買賣房地產的獲利機會很大，當好的個案出現，可以衡量自己的財力來做選屋、購屋，對你大大加分！也因為居家、辦公室風水得宜，好風水、好買賣、好布局，帶來更多客戶或共事的人，得到左呼右應的好貴人，讓職場關係更熱絡。

在這一年當中，你說什麼，大家一定都會拍手，尤其是兄弟姊妹，更是今年最重要的貴人，其中也包含堂、表兄弟姊妹或結拜兄弟，都是能幫你化解危機的關鍵，記得不要單打獨鬥，而是結合眾人的力量，借力使力，將讓你更得心應手，心想事成。

人脈強運祕訣

居家的餐廳保持明亮整齊，在財位擺上鹽燈，照亮人脈運，並且多安排和親戚、家人、手足的聚餐，增加互動，提升家族事業和朋友合夥的好運勢。

12月 血光運勢

巳 奴僕宮	午 遷移宮	未 疾厄宮	天刑 申 財帛宮
辰 官祿宮			酉 子女宮
卯 田宅宮			戌 夫妻宮
寅 福德宮	丑 父母宮	子 本命宮	亥 兄弟宮

代表星曜：天刑星
所處宮位：財帛宮
風水區域：廚房
化解方案：在廚房擺放鹽燈

農曆十二月出生的朋友，二〇二〇年的天刑星坐落在財帛宮，代表錢財會流血，也就是俗話說的「血汗錢」，要錢不要命！因為本身的體力、耐力有限，卻強迫自己超越身體的能耐來賺錢，包括運送、跑步、眼力的投入、精神付出等，一不小心就會帶來莫名的血光，甚至可能發生「金錢的官司」，在借貸、金錢方面處理不當而造成很多問題，導致財富有血光！

這一年更要注意的一點是，可能會發生財物被偷、被搶、被騙的狀況，造成要去警察局報案的情形。在工作職場上，要量力而為，選擇能力範圍內的工作，才不會造成精神、體力負擔過重，而引起「賺錢血光」的危機。

破解血光開運方案

今年錢財進來了，但財多就體弱，錢財越多，小病越來，因此賺錢要衡量體力，以不造成身體、精神負擔為原則。建議在廚房可以擺上鹽燈，可使「火火相生」，對運勢加分。

Chapter 4

從農曆出生西元年尾數看財運

結合紫微和東洋星座，教你學會用年系星來查找，
利用自己的農曆出生西元年尾數，
教你學會用年系星查找二〇二〇旺鼠年的個人財運，
新年新氣象，掌握「鼠」不盡的好財運！

從祿存星看二〇二〇旺鼠年的財神爺從哪裡來！

紫微斗數中，掌管財運的星，叫作祿存星。「祿存」兩字，代表「錢財存在」，主要作用就是幫助你把錢留下，或是為你帶來更多賺錢的機會，同時也是和氣生財的象徵。

每個人都有自己的祿存星，並且依照出生年份的不同，出現在不同的宮位。就讓我們從每個人農曆出生年的西元年尾數，配合鼠年流年命盤、命宮的轉動，找出你的鼠年祿存星宮位，讓財星高照，掌握二〇二〇旺鼠年的好財運！

財運

農曆出生西元年尾數1

代表星曜：祿存星

所處宮位：子女宮

風水區域：後陽台

開運祕法：以子為貴

走兒女運，水漲船高

農曆出生西元年尾數1，1931、1941、1951、1961、1971、1981、1991……年出生的人，今年所有的錢財運都在子女宮。如果是年長者，因為你已經退休，之前的財運就算不盡理想也別太擔心，今年因為自家兒女財運亨通，你也連帶受惠，不僅精神層面可獲得子女關懷備至的回饋，在現實上也會不吝於拿出鈔票照顧你。

另外，正因為子女就是財神爺，如果你才剛結婚、計畫懷孕生子，因為房事順利，喜獲麟兒的機會很高，父母、公婆等長輩們龍心大悅，可能一出手就給出大紅包；如果已經有了小孩，子女宮有財星，表示令公子、千金討人喜歡，成績獲得肯定，得到獎學金的機會很高，親子關係互動甜蜜。

鼠年強運建議

不管是經濟現實面、親子關係或夫妻之間的互動都很順利，總之，記得財神爺和子女宮有關，你的孩子會帶來財源廣進、左呼右應。

財運

農曆出生西元年尾數2

手足左呼右應，互利互惠

農曆出生西元年尾數2，1932、1942、1952、1962、1972、1982、1992……年出生的人，鼠年有兄弟財的運勢，在家靠父母，出外靠朋友，人脈很廣，左右逢源，人緣好到自己都不知道怎麼辦，左呼右應之下大賺人脈財、口碑財，商場信用頗受好評，一呼百諾，特別適合與人結盟，特別是發展連鎖事業，店面一間變五間、五間變十間的可能性大增，因為人際關係好而獲得眾人紛紛投資於你，是集資、投資獲得回報的大好機會。

也因為平日待人有情有義，注重信用，如果兄弟姊妹或好朋友、好同學已有一定成就，多半會在這年挹注你、幫忙你，讓你今年有所回報，獲利機會大好。

鼠年強運建議

不要羞於開口，不妨大方地向兄弟姊妹求助或合夥，彼此之間能以財養財，互利互惠、拓展財源。或者未必是親手足，也可能是老朋友、老同學，藉由對方的好運，讓你富貴與共。

財運

農曆出生西元年尾數3

代表星曜：祿存星

所處宮位：本命宮

風水區域：客廳

開運祕法：擺放聚寶盆，投資房地產

財神庇護，要勇於投資

農曆出生西元年尾數3，1933、1943、1933、1953、1963、1973、1983、1993……年生的人，今年的財運坐守在流年的本命年，財運旺的時候，做什麼都順風順水，投資什麼都能賺錢，自然會有人送錢來，親戚朋友、廠商客戶都可能帶財來找你，你就是自己的財神爺，有望以錢滾錢、獲得更高的權力，或者聲名大噪、名望更上一層樓！

這一整年，財運都會跟你緊緊綁在一起，你是眾人所期望、願意投資的財神爺，可能是交新朋友讓你獲利，也可能是一通電話就帶來財富。過去如果有債務，會因今年的好財運迎刃而解，之前應該賺而沒賺到的錢，今年都可能賺到，二〇二〇對你來說是受財神爺庇護的好年，從事買賣有賺大錢的機會，不要自我限制、綁手綁腳，而要勇於投資。

鼠年強運建議

這一年你要擔心的不是怎麼賺錢，而是怎麼把錢留住！想把多餘的錢存起來，可以考慮投資房地產；出外旅遊，可買一點精品犒賞自己。

財運

農曆出生西元年尾數4

運籌帷幄，才藝化為財運

農曆出生西元年尾數4，1934、1944、1954、1964、1974、1984、1994……年出生的人，鼠年會憑靠各種藝術或技藝獲利，例如靠繪畫、歌唱、演奏樂器賺錢，或參加運動比賽得獎。你充滿藝術細胞，才華洋溢，有機會得到各種殊榮，可能是在表演場合能歌善舞、表演精湛；可能在武術、體能競技中出類拔萃。這段時間內，身負特殊才藝會讓你創造無可限量的財富。

但如果你不會任何才藝也毋須擔心，你還可以靠設計、發明的才華賺智慧財，例如擔任別人的投資顧問或設計研發新事物，都是值得發展的方向。不要埋沒了這段時間上天賦予你的才華，如果有懂得堪輿、命相學的朋友，也很有機會賺得不少風水財。

鼠年強運建議

從居家風水的角度來看，不妨在家中的休閒室、起居空間掛上山水畫，能提升山水財、遠方財和頭腦財，讓你的才華更上一層樓。

財運

農曆出生西元年尾數5

代表星曜：祿存星

所處宮位：田宅宮

風水區域：餐廳

開運祕法：供奉財寶天王、司財觀音

結合家族力量，留心房產投資

農曆出生西元年尾數5，1935、1945、1955、1965、1975、1985、1995……年出生的人，鼠年的財神爺躲在流年的田宅宮，田宅代表「家人」，這一年跟家人合夥創造的事業，將有獲利的好機會，不要貿然離開家族事業，把賺錢機會往外推。田宅財又稱為風水財，如果原本家裡的擺設帶有破財危機，可以藉由創意改變，例如改變盆栽、水族箱的安放位子，有效帶財。

另一方面，你的事業也可能和房產買賣相關，會有職業財，有望以較便宜划算的價格買到房子；也可能是順利賣掉之前的房產而獲利，賺得土地財。整體來說，今年的只要是跟房產土地、家人這兩大元素綁在一起的相關事業，財星高照、很有機會數鈔票。

鼠年強運建議

從風水財的提升創造家庭和樂互動，可供奉財寶天王、司財觀音或蓮花生大士，以提升信仰財。另外，居家財庫例如冰箱、茶几的擺放位置要注意，切莫堆放雜物，可放上晶洞。

財運

農曆出生西元年尾數6、8

擁抱團隊，共創生財循環

農曆出生西元年尾數6、8，1936、1946、1956、1966、1976、1986、1996……和1938、1948、1958、1968、1978、1988、1998……年出生的人，鼠年是靠朋友也可以打下江山！不論是擔任要職或本身就是老闆或董事長，今年切記要多照顧員工，這些下屬都將是你的財神爺，因為他們努力不懈地投入工作，連帶使你的公司、工廠或個人得到更多回收。

如果從事業務相關工作，更要用心激勵部門的同仁，傳授你的智慧與經驗，他們將會加倍回饋給你，讓你高枕無憂；或是透過部屬的人脈、才智，借力使力，締造業績長紅，賺得部屬財、員工財，產生良好的生財循環。

鼠年強運建議

好好照顧員工或下屬，該發出去的獎金千萬不要吝嗇，他領得越多，回饋到你身上的越多！公司與居家的走道、樓梯間，多掛一些團隊的大合照，可增加車潮、錢潮和人潮。

財運

農曆出生西元年尾數7、9

踏出舒適圈，才能帶財來

農曆出生西元年尾數7、9，1937、1947、1957、1967、1977、1987、1997……和1939、1949、1959、1969、1979、1989、1999……年出生的人，財神爺會在遠方跟你招手，若有機會到外地簽約、經商或拓展業務，可別輕易放棄或拒絕，以免把財神爺也拒之於門外。

前往外地出差、採購、勘察或應酬時，財源自會隨著遠地的人脈應運而生。鼠年要把握你的流年財，千萬不要守株待兔、故步自封，大膽邁出去，錢財就進得來。另外，也會有機會在外地購置不動產，或與人合夥入股，都是非常重要的財源，可多把握時機。

鼠年強運建議

如果沒有遠行計畫，而是近守故鄉，也可透過貨物流通、進出口貿易獲利，能賺錢的類型是旅行財、交通財、遠方財。如果有來自遠方的合作對象，不妨多招待他們吃飯，會為你帶來取之不盡的財庫與貨源。

財運

農曆出生西元年尾數0

巳 奴僕宮	午 遷移宮	未 疾厄宮	申（祿存） 財帛宮
辰 官祿宮			酉 子女宮
卯 田宅宮			戌 夫妻宮
寅 福德宮	丑 父母宮	子 本命宮	亥 兄弟宮

代表星曜：祿存星
所處宮位：財帛宮
風水區域：廚房
開運祕法：皮夾裡放開運紅包

正道投資，財路暢旺

農曆出生西元年尾數0，1930、1940、1950、1960、1970、1980、1990、2000……年出生的人，財神爺進入大家都喜歡的「財鄉」，代表財庫有財神爺坐守，財運大加分！可能是現金增加或禮物入袋，過去的投資，也能轉虧為盈；而且錢滾錢、獲利可期，加薪、業績提升也大有機會；各方面的財路包括投資或資金回收等，都將指日可待。

今年如果想投資，不論是人脈財、頭腦財、智慧財都可能有意想不到的財富獲利；甚至連轉手財、買賣財都有獲利空間，記住，這一切財光閃閃都以不能涉入賭博為原則，只要不貪心，財運大有可期！

鼠年強運建議

突如其來的紅包，連帶創造無可限量的好財運，西元生年尾數0的朋友，今年要努力賺錢，不管是資金周轉、錢滾錢、人脈財、業績提升、升官發財，都指日可待！

春
財源廣進

Chapter 5

鼠年開運農民曆

了解 2020 年的個人運勢了嗎？

本章提供你家家必備的鼠年農民曆！

清楚列出每日宜忌、每日吉時、胎神方位 ......

讓新的年度每天的好運勢都能有所依據！

二〇二〇年國曆一月

日期	1	2	3	4	5	6
星期	三	四	五	六	日	一
節日節氣	元旦					小寒
農曆	十二月初七	初八	初九	初十	十一	十二
干支	癸卯	甲辰	乙巳	丙午	丁未	戊申
每日宜忌	受死逢重喪，吉喜喪事均忌 宜：平治道塗	宜：出行、買車、牧養、開光、酬神、齋醮、訂婚、嫁娶、出火、動土、安床、入宅、安香、掛匾、入殮、破土、火葬、安葬 忌：開市	宜：開光、祈福、酬神、設醮、出火、動土、安床灶、入宅、安香 忌：嫁娶、開市、安門、上樑、入殮、除靈、火葬	月破大耗又逢正四廢凶日，宜事不取 宜：求醫、治病、破屋壞垣	宜：開光、祈福、酬神、設齋醮、出行、買車、動土、安床、入殮、除靈、破土、火葬、進金、安葬 忌：開市、入宅、安香、嫁娶、剃頭	節前宜：出行、開光、酬神、設齋醮、出火、安灶、入宅、安香、掛匾、入殮、除靈、火葬、安葬 節後宜：開市、入殮、除靈、安葬
每日吉時	卯辰巳午	子卯巳午	子卯辰巳	丑寅卯午	子辰巳午	卯辰巳午
每日沖煞	沖雞3 歲煞西	沖狗2 歲煞南	沖豬1 歲煞東	沖鼠60 歲煞北	沖牛59 歲煞西	沖虎58 歲煞南
每日胎神占方	房床門 房內南	門雞栖 房內東	碓磨床 房內東	廚灶碓 房內東	倉庫廁 房內東	房床爐 房內東

15	14	13	12	11	10	9	8	7
三	二	一	日	六	五	四	三	二
					尾牙			
廿一	二十	十九	十八	十七	十六	十五	十四	十三
丁巳	丙辰	乙卯	甲寅	癸丑	壬子	辛亥	庚戌	己酉
正四廢又逢重日，吉喜喪事均不取 宜：祭祀	宜：裁衣、合帳、嫁娶 **忌：**造船橋、入宅、安香、入殮、火葬	宜：出行、買車、牧養、納畜、訂婚、裁衣、合帳、嫁娶、安床、入殮、火葬、進金、安葬 **忌：**入宅、安香、開市、除靈、上樑	宜：出行、買車、訂婚、裁衣、嫁娶、出火、動土、安床、入宅、掛匾、開市、入殮、除靈、破土、火葬、安葬 **忌：**開光、牧養、納畜、安香	**正紅紗又逢三喪，吉喜喪事均不取**	宜：裁衣、合帳、安床、牧養、納畜、入殮、除靈、火葬、進金、安葬 **忌：**嫁娶、入宅、安香、動土、破土、開刀	宜：祈福、酬神、設醮、出火、動土、安灶、入宅、安香、開市、牧養、納畜 **忌：**開光、嫁娶、安床、入殮、除靈、火葬、安葬、進金	宜：訂婚、裁衣、合帳、嫁娶、作灶 **忌：**開光、安床、出行、造船橋、開市、入宅、入殮、火葬	**受死又逢重喪，吉喜喪事均不取** 宜：補垣、塞穴
子辰巳午	子寅卯午	子丑卯巳	子寅卯午	寅卯巳午	子丑辰巳	丑寅卯午	子丑卯巳	子寅巳午
沖豬 49 歲煞東	**沖狗 50 歲煞南**	**沖雞 51 歲煞西**	**沖猴 52 歲煞北**	**沖羊 53 歲煞東**	**沖馬 54 歲煞南**	**沖蛇 55 歲煞西**	**沖龍 56 歲煞北**	**沖兔 57 歲煞東**
倉庫床 外正東	廚灶栖 外正東	碓磨門 外正東	占門爐 外東北	房床廁 外東北	倉庫碓 外東北	廚灶床 外東北	碓磨栖 外東北	占大門 外東北

日期	16	17	18	19	20	21	22	23
星期	四	五	六	日	一	二	三	四
節日節氣					大寒			
農曆	十二月 廿二	廿三	廿四	廿五	廿六	廿七	廿八	廿九
干支	戊午	己未	庚申	辛酉	壬戌	癸亥	甲子	乙丑
每日宜忌	宜：出行、買車、嫁娶、安床、入宅、安香、洽爐、入殮、除靈、火葬、進金、安葬 **忌：**開光、安機械、開市、動土、破土	**月破大耗又逢重喪，吉喜喪事均不取**	宜：出行、買車、開市、開光、訂婚、裁衣、合帳、嫁娶、出火、安灶、入宅、洽爐、掛匾、入殮、除靈、火葬、進金、安葬 **忌：**安床、開刀	宜：入殮、除靈、火葬、安葬 **逢受死凶日，忌吉喜事**	宜：作灶 **忌：**開光、安床、開市、入宅、安香、嫁娶、安葬	宜：開光、作灶 **忌：**開市、安床、嫁娶、入殮、火葬、安葬	宜：祈福、酬神、齋醮、訂婚、裁衣、合帳、安床灶、牧養、納畜、入殮、除靈、火葬、進金、安葬 **忌：**動土、入宅、安香、嫁娶	**正紅紗又逢三喪，吉喜喪事均不取**
每日吉時	寅卯辰巳	子卯巳午	丑卯辰巳	子丑寅午	子丑巳午	寅卯辰午	子丑卯巳	寅卯辰巳
每日沖煞	**沖鼠 48 歲煞北**	**沖牛 47 歲煞西**	**沖虎 46 歲煞南**	**沖兔 45 歲煞東**	**沖龍 44 歲煞北**	**沖蛇 43 歲煞西**	**沖馬 42 歲煞南**	**沖羊 41 歲煞東**
每日胎神占方	房床碓 外正東	占門廁 外正東	碓磨爐 外東南	廚灶門 外東南	倉庫栖 外東南	占房床 外東南	占門碓 外東南	碓磨廁 外東南

日	星期	節日	農曆	干支	宜忌	時	沖煞	胎神
24	五	除夕	三十	丙寅	宜：出行、買車、訂婚、嫁娶、安床、入宅、洽爐、除靈、火葬、進金、安葬 忌：開市、安門、開光、入殮	子寅卯午	沖猴40 歲煞北	廚灶爐 外正南
25	六	春節	正月初一	丁卯	宜：出行、買車、牧養、訂婚、裁衣、安床、開市	子辰巳午	沖雞40 歲煞西	倉庫門 外正南
26	日		初二	戊辰	**月煞逢死神，宜事不取**	寅卯辰巳	沖狗39 歲煞南	房床栖 外正南
27	一		初三	己巳	宜：祈福、酬神、牧養、設醮、訂婚、裁衣、合帳、嫁娶、安灶、掛匾、入宅、安香 忌：開光、開市、出行、動土、入殮、火葬	子卯巳午	沖豬38 歲煞東	占門床 外正南
28	二		初四	庚午	宜：祈福、酬神、出行、牧養、納畜、開光、齋醮、訂婚、裁衣、嫁娶、安床、掛匾、入殮、移柩、除靈、火葬、進金、安葬 忌：上官、上樑	丑卯辰巳	沖鼠37 歲煞北	占碓磨 外正南
29	三		初五	辛未	**月破大耗，宜事不取**	子寅卯午	沖牛36 歲煞西	廚灶廁 外西南
30	四		初六	壬申	宜：出行、買車、開光、訂婚、嫁娶、開市、入殮、移柩、除靈、火葬、進金、安葬 忌：入宅、安香、開刀、求嗣	子辰巳午	沖虎35 歲煞南	倉庫爐 外西南
31	五		初七	癸酉	宜：入殮、移柩、除靈、火葬、安葬 **受死忌吉喜事，惟行喪不忌**	寅辰巳午	沖兔34 歲煞東	房床門 外西南

二〇二〇年國曆二月

日期	1	2	3	4	5	6
星期	六	日	一	二	三	四
節日節氣				立春		
農曆	正月初八	初九	初十	十一	十二	十三
干支	甲戌	乙亥	丙子	丁丑	戊寅	己卯
每日宜忌	宜：祈福、酬神、開光、設醮、齋醮、裁衣、嫁娶、作灶、入殮、除靈 **忌：開市、安床、造船橋、安機械、牧養、納畜**	宜：酬神、出行、設醮、買車、訂婚、裁衣、安灶、開市 **忌：上樑、嫁娶、開光、安床、上官、赴任、入學**	宜：入殮、移柩、除靈、火葬、進金、安葬 **四絕忌吉，喜事刪刊**	節前宜：正紅紗 節後宜：祈福、酬神、齋醮、裁衣、合帳、入殮、移柩、除靈、火葬、進金、安葬 **忌：入宅、安香、嫁娶、動土**	宜：納畜、開光、訂婚、裁衣、合帳、安床、入殮、移柩、除靈、火葬、進金、安葬 **忌：動土、入宅、安香、嫁娶**	宜：祈福、酬神、出行、開光、齋醮、訂婚、裁衣、嫁娶、動土、安床、開市、入殮、移柩、除靈、破土、火葬、進金、安葬 **忌：入宅、安香**
每日吉時	子丑卯午	子丑卯辰	子丑寅卯	子辰巳午	寅卯辰巳	子卯巳午
每日沖煞	**沖龍33 歲煞北**	**沖蛇32 歲煞西**	**沖馬31 歲煞南**	**沖羊30 歲煞東**	**沖猴29 歲煞北**	**沖雞28 歲煞西**
每日胎神占方	門雞栖 外西南	碓磨床 外西南	廚灶碓 外西南	倉庫廁 外正西	房床爐 外正西	占大門 外正西

7	8	9	10	11	12	13	14	15
五	六	日	一	二	三	四	五	六
	元宵節						西洋情人節	
十四	十五	十六	十七	十八	十九	二十	廿一	廿二
庚辰	辛巳	壬午	癸未	甲申	乙酉	丙戌	丁亥	戊子
宜：開光、裁衣、合帳、嫁娶 **忌：酬神、出行、動土、造船橋、入殮、除靈、火葬**	宜：作灶 **忌：嫁娶、開市、開光、入宅**	宜：酬神、出行、納畜、開光、齋醮、訂婚、嫁娶、動土、安床、入宅、安香、開市、掛匾、入殮、除靈、破土、火葬、進金、安葬	宜：訂婚、入殮 **忌：入宅、安香、嫁娶、安機械、火葬、進金**	宜：破屋壞垣 **月破大耗，宜事不取**	宜：酬神、出行、買車、齋醮、裁衣、合帳、嫁娶、出火、動土、入宅、安香、洽爐、開市、入殮、移柩、除靈、破土、火葬、進金、安葬 **忌：安床**	宜：入殮、移柩、除靈、破土、火葬、安葬 **受死忌吉喜事，惟行喪不忌**	宜：祈福、酬神、出行、開光、訂婚、出火、動土、安床、入宅、安香 **忌：開市、安門、入殮、火葬、進金**	宜：祈福、酬神、出行、買車、訂婚、開光、嫁娶、動土、開市、除靈、破土、求醫治病 **忌：安床、入殮、安葬**
子卯辰巳	子寅卯午	丑辰巳午	寅卯辰巳	子卯巳午	子丑辰巳	丑寅卯午	子丑辰午	寅卯辰巳
沖狗27 歲煞南	**沖豬26 歲煞東**	**沖鼠25 歲煞北**	**沖牛24 歲煞西**	**沖虎23 歲煞南**	**沖兔22 歲煞東**	**沖龍21 歲煞北**	**沖蛇20 歲煞西**	**沖馬19 歲煞南**
碓磨栖 外正西	廚灶床 外正西	倉庫碓 外西北	房床廁 外西北	占門爐 外西北	碓磨門 外西北	廚灶栖 外西北	倉庫床 外西北	房床碓 外正北

日期	16	17	18	19	20	21	22
星期	日	一	二	三	四	五	六
節日節氣				雨水			
農曆	正月 廿三	廿四	廿五	廿六	廿七	廿八	廿九
干支	己丑	庚寅	辛卯	壬辰	癸巳	甲午	乙未
每日宜忌	宜：祈福、酬神、裁衣、合帳、安床、安灶、入殮、除靈 **忌：嫁娶、入宅**	宜：裁衣、合帳、入殮、移柩、火葬、除靈、進金、安葬 **忌：入宅、嫁娶**	宜：祈福、酬神、出行、買車、牧養、納畜、齋醮、訂婚、裁衣、合帳、動土、安床、開市、掛匾、入殮、移柩、除靈、破土、火葬、進金、安葬	宜：出行、嫁娶 **忌：開市、牧養、納畜、入宅、安香、動土、入殮、火葬**	宜：作灶 **忌：開光、安門、入殮、除靈、火葬、進金**	宜：祈福、酬神、出行、買車、牧養、納畜、開光、設醮、訂婚、裁衣、合帳、嫁娶、出火、動土、安床、開市、入宅、安香 **忌：入殮、火葬**	宜：祈福、酬神、訂婚、裁衣、合帳、嫁娶、出火、安床、入宅、安香、入殮、移柩、火葬、進金、安葬 **忌：除靈、動土**
每日吉時	子卯 巳午	子卯 辰巳	丑寅 卯午	子辰 巳午	卯辰 巳午	丑卯 巳午	子卯 辰巳
每日沖煞	**沖羊 18 歲煞東**	**沖猴 17 歲煞北**	**沖雞 16 歲煞西**	**沖狗 15 歲煞南**	**沖豬 14 歲煞東**	**沖鼠 13 歲煞北**	**沖牛 12 歲煞西**
每日胎神占方	占門廁 外正北	碓磨爐 外正北	廚灶門 外正北	倉庫栖 外正北	占房床 房內北	占門碓 房內北	碓磨廁 房內北

29	28	27	26	25	24	23
六	五	四	三	二	一	日
	和平紀念日					
初七	初六	初五	初四	初三	初二	二月 初一
壬寅	辛丑	庚子	己亥	戊戌	丁酉	丙申
宜：牧養、納畜、裁衣、合帳、安床、入殮、移柩、除靈、火葬、進金、安葬 忌：嫁娶、入宅、安香、開光、動土	宜：祈福、酬神、入殮、移柩、除靈、火葬、進金、安葬 忌：入宅、安香、嫁娶、開光、動土	宜：祈福、酬神、開光、設醮、齋醮、裁衣、嫁娶、開市、除靈 忌：出行、買車、安床、入宅、安香、入殮、火葬、進金	宜：訂婚、安床 忌：開市、安機械、上官、赴任、嫁娶、入殮、除靈、火葬	宜：入殮、移柩、除靈、破土、火葬、安葬 受死忌吉喜事，惟行喪不忌	宜：酬神、出行、納畜、訂婚、齋醮、出火、動土、入宅、安香、開市、入殮、除靈、火葬、進金、安葬 忌：開光	宜：破屋壞垣 月破大耗，宜事少取
子辰巳午	丑寅卯午	子卯辰巳	子寅卯午	寅卯巳午	子辰巳午	子丑卯午
沖猴5 歲煞北	沖羊6 歲煞東	沖馬7 歲煞南	沖蛇8 歲煞西	沖龍9 歲煞北	沖兔10 歲煞東	沖虎11 歲煞南
倉庫爐 房內南	廚灶廁 房內南	占碓磨 房內南	占門床 房內南	房床栖 房內南	倉庫門 房內北	廚灶爐 房內北

二〇二〇年國曆三月

日期	1	2	3	4	5	6
星期	日	一	二	三	四	五
節日節氣					驚蟄	
農曆	二月初八	初九	初十	十一	十二	十三
干支	癸卯	甲辰	乙巳	丙午	丁未	戊申
每日宜忌	宜：祈福、酬神、出行、買車、開光、設醮、齋醮、訂婚、裁衣、合帳、嫁娶、安床、開市、掛匾、入殮、移柩、除靈、破土、火葬、進金、安葬	宜：牧養、開光、裁衣、安床 **忌：嫁娶、酬神、開市、上樑、動土**	宜：作灶 **忌：開光、安門、入殮、除靈、火葬、進金**	宜：酬神、出行、買車、納畜、開光、訂婚、嫁娶、動土、安床、掛匾、入殮、移柩、除靈、破土、火葬、進金、安葬 **忌：入宅、安香、開市**	節前宜：酬神、出行、納畜、訂婚、嫁娶、出火、動土、安床、入宅、安香、入殮、移柩、破土、火葬、進金、安葬 **忌：除靈、開刀**	宜：祈福、酬神、出行、開光、齋醮、裁衣、合帳、出火、動土、入宅、安香、洽爐、入殮、移柩、除靈、破土、火葬、進金、安葬 **忌：安床、嫁娶**
每日吉時	卯辰巳午	子卯巳午	子卯辰巳	丑寅卯午	子辰巳午	卯辰巳午
每日沖煞	沖雞4 歲煞西	沖狗3 歲煞南	沖豬2 歲煞東	沖鼠1 歲煞北	沖牛60 歲煞西	沖虎59 歲煞南
每日胎神占方	房床門 房內南	門雞栖 房內東	碓磨床 房內東	廚灶碓 房內東	倉庫廁 房內東	房床爐 房內東

7	8	9	10	11	12	13	14	15
六	日	一	二	三	四	五	六	日
十四	十五	十六	十七	十八	十九	二十	廿一	廿二
己酉	庚戌	辛亥	壬子	癸丑	甲寅	乙卯	丙辰	丁巳
宜：破屋壞垣 **月破大耗，宜事少取**	宜：出行、裁衣、合帳、動土、安床、安灶、入殮、移柩、破土、火葬、進金、安葬 **忌：**嫁娶、除靈	宜：出行、買車、開光、訂婚、裁衣、合帳、出火、動土、安床、安灶、入宅、安香、開市、求醫治病 **忌：**入殮、火葬、進金、安葬	宜：安床 **忌：**嫁娶、火葬、進金、安葬	宜：祈福、酬神、出行、牧養、納畜、裁衣、嫁娶、出火、安床、安灶、入宅、安香、洽爐、除靈、求醫治病 **忌：**開光、訂婚、開市	宜：動土、安床、安灶、入殮、移柩、除靈、破土、火葬、進金、安葬 **忌：**嫁娶、入宅、安香、進人口	宜：出行、買車、裁衣、合帳、嫁娶 **忌：**動土、造船橋、上樑、入殮、除靈、火葬	**受死逢三喪，吉喜喪事均不取**	宜：牧養、納畜、訂婚、裁衣、合帳、安床 **忌：**開光、嫁娶、入宅、安香、安機械、動土
子寅巳午	子丑卯巳	丑寅卯午	子丑辰巳	寅卯巳午	子寅卯午	子丑卯巳	子寅卯午	子辰巳午
沖兔58 歲煞東	**沖龍57 歲煞北**	**沖蛇56 歲煞西**	**沖馬55 歲煞南**	**沖羊54 歲煞東**	**沖猴53 歲煞北**	**沖雞52 歲煞西**	**沖狗51 歲煞南**	**沖豬50 歲煞東**
占大門 外東北	碓磨栖 外東北	廚灶床 外東北	倉庫碓 外東北	房床廁 外東北	占門爐 外東北	碓磨門 外正東	廚灶栖 外正東	倉庫床 外正東

日期	16	17	18	19	20	21	22	23
星期	一	二	三	四	五	六	日	一
節日節氣					春分			
農曆	二月 廿三	廿四	廿五	廿六	廿七	廿八	廿九	三十
干支	戊午	己未	庚申	辛酉	壬戌	癸亥	甲子	乙丑
每日宜忌	宜：祭祀、平治道途 **是日凶多少吉，宜事少取**	宜：酬神、出行、買車、納畜、開光、齋醮、訂婚、嫁娶、動土、安床、安灶、入宅、安香、開市、掛匾、入殮、除靈、火葬、進金、安葬 **忌：開刀**	宜：入殮、移柩、除靈、破土、火葬、進金、安葬 **忌：嫁娶、安床、開市、入宅**	宜：破屋壞垣 **月破大耗四離，宜事刪刊**	宜：訂婚、裁衣、合帳、動土、安灶、入殮、破土 **忌：開市、除靈、嫁娶**	宜：開光、訂婚、裁衣、合帳、出火、動土、安床、安灶、入宅、安香、開市、求醫治病 **忌：開刀、上官、赴任、嫁娶、入殮、除靈、火葬**	宜：嫁娶、祭祀、進人口 **忌：入宅、安香、安機械、開刀、入殮、火葬**	宜：祈福、酬神、出行、牧養、納畜、設醮、訂婚、裁衣、嫁娶、出火、動土、安灶、入宅、安香 **忌：開光、開市、安門、入殮、除靈、火葬**
每日吉時	寅卯 辰巳	子卯 巳午	丑卯 辰巳	子丑 寅午	子丑 巳午	寅卯 辰午	子丑 卯巳	寅卯 辰巳
每日沖煞	**沖鼠 49 歲煞北**	**沖牛 48 歲煞西**	**沖虎 47 歲煞南**	**沖兔 46 歲煞東**	**沖龍 45 歲煞北**	**沖蛇 44 歲煞西**	**沖馬 43 歲煞南**	**沖羊 42 歲煞東**
每日胎神占方	房床碓 外正東	占門廁 外正東	碓磨爐 外東南	廚灶門 外東南	倉庫栖 外東南	占房床 外東南	占門碓 外東南	碓磨廁 外東南

24	25	26	27	28	29	30	31
二	三	四	五	六	日	一	二
三月 初一	初二	初三	初四	初五	初六	初七	初八
丙寅	丁卯	戊辰	己巳	庚午	辛未	壬申	癸酉
宜：訂婚、動土、安床、入殮、移柩、除靈、破土、火葬、進金、安葬 忌：入宅、安香、嫁娶、安機械、開刀	宜：酬神、出行、買車、牧養、納畜、訂婚、嫁娶、安床、入宅、安香、洽爐、開市、入殮、移柩、除靈、火葬、進金、安葬、求醫治病 忌：開光	受死逢三喪，吉喜喪事均不取	宜：開光、裁衣、合帳、安床、安灶 忌：入宅、安香、嫁娶、酬神、動土、上官、赴任、入學	宜：嫁娶、入殮、除靈 忌：出行、入宅、安香、納畜	宜：祈福、酬神、出行、買車、納畜、訂婚、裁衣、合帳、嫁娶、安床、入殮、移柩、除靈、火葬、進金、安葬 忌：開光、造宅、全章、開市、開刀	宜：祈福、酬神、齋醮、訂婚、裁衣、合帳、動土、掛匾、入殮、移柩、除靈、破土、火葬、進金、安葬 忌：嫁娶、安床、開市、入宅	宜：求醫治病、破屋壞垣 月破大耗，宜事不取
子寅卯午	子辰巳午	寅卯辰巳	子卯巳午	丑卯辰巳	子寅卯午	子辰巳午	寅辰巳午
沖猴41 歲煞北	沖雞40 歲煞西	沖狗39 歲煞南	沖豬38 歲煞東	沖鼠37 歲煞北	沖牛36 歲煞西	沖虎35 歲煞南	沖兔34 歲煞東
廚灶爐 外正南	倉庫門 外正南	房床栖 外正南	占門床 外正南	占碓磨 外正南	廚灶廁 外西南	倉庫爐 外西南	房床門 外西南

二〇二〇年國曆四月

日期	1	2	3	4	5	6
星期	三	四	五	六	日	一
節日節氣				婦幼節 清明		
農曆	三月 初九	初十	十一	十二	十三	十四
干支	甲戌	乙亥	丙子	丁丑	戊寅	己卯
每日宜忌	**宜：**祈福、酬神、出行、買車、牧養、納畜、開光、設醮、訂婚、動土、安床、安灶、開市、入殮、移柩、破土、火葬、進金、安葬 **忌：**嫁娶、入宅	**宜：**出行、買車、訂婚、裁衣、出火、動土、安床、安灶、入宅、安香、開市、求醫治病、掛匾 **忌：**開光、入殮、除靈、火葬	**宜：**裁衣、合帳、嫁娶、安床 **忌：**入宅、安香、開市、入殮、火葬	**節前宜：**祈福、酬神、出行、納畜、開光、齋醮、訂婚、嫁娶、出火、動土、安床、安灶、入宅、安香、掛匾、除靈、破土 **節後宜：**正紅紗	**宜：**出行、買車、牧養、納畜、訂婚、裁衣、嫁娶、出火、動土、安床、安灶、入宅、開市、求醫治病 **忌：**入殮、除靈、火葬	**宜：**祈福、酬神、設醮、齋醮、裁衣、合帳、嫁娶、安床、作灶、入殮、移柩、除靈、破土、火葬、進金、安葬 **忌：**開光、出行
每日吉時	子丑 卯午	子丑 卯辰	子丑 寅卯	子辰 巳午	寅卯 辰巳	子卯 巳午
每日沖煞	**沖龍 33 歲煞北**	**沖蛇 32 歲煞西**	**沖馬 31 歲煞南**	**沖羊 30 歲煞東**	**沖猴 29 歲煞北**	**沖雞 28 歲煞西**
每日胎神占方	門雞栖 外西南	碓磨床 外西南	廚灶碓 外西南	倉庫廁 外正西	房床爐 外正西	占大門 外正西

15	14	13	12	11	10	9	8	7
三	二	一	日	六	五	四	三	二
廿三	廿二	廿一	二十	十九	十八	十七	十六	十五
戊子	丁亥	丙戌	乙酉	甲申	癸未	壬午	辛巳	庚辰
宜：祈福、酬神、訂婚、裁衣、動土、安床、開市 忌：入宅、安香、嫁娶、開光、出行、入殮、除靈、火葬	受死又逢重日，吉喜喪事均不取	宜：求醫治病、破屋壞垣 月破大耗，宜事少取	宜：酬神、出行、牧養、納畜、開光、齋醮、訂婚、嫁娶、出火、安床、安灶、入宅、安香、洽爐、入殮、移柩、除靈、火葬、進金、安葬 忌：動土	宜：祈福、酬神、牧養、納畜、開光、動土、入殮、移柩、除靈、破土、火葬、進金、安葬 忌：嫁娶、安床	宜：作灶、入殮、除靈 忌：開光、安床、動土、嫁娶、火葬、進金	宜：出行、買車、開光、訂婚、裁衣、安床、開市、入殮、除靈 忌：嫁娶、酬神、入宅、安香、安機械	宜：開光、設醮、嫁娶 忌：入宅、安香、開市、入殮、除靈、火葬	宜：出行 忌：嫁娶、動土、開光、入殮、除靈、火葬
寅卯辰巳	子丑辰午	丑寅卯午	子丑辰巳	子卯巳午	寅卯辰巳	丑辰巳午	子寅卯午	子卯辰巳
沖馬19 歲煞南	沖蛇20 歲煞西	沖龍21 歲煞北	沖兔22 歲煞東	沖虎23 歲煞南	沖牛24 歲煞西	沖鼠25 歲煞北	沖豬26 歲煞東	沖狗27 歲煞南
房床碓 外正北	倉庫床 外西北	廚灶栖 外西北	碓磨門 外西北	占門爐 外西北	房床廁 外西北	倉庫碓 外西北	廚灶床 外正西	碓磨栖 外正西

日期	16	17	18	19	20	21	22
星期	四	五	六	日	一	二	三
節日節氣				穀雨			
農曆	三月 廿四	廿五	廿六	廿七	廿八	廿九	三十
干支	己丑	庚寅	辛卯	壬辰	癸巳	甲午	乙未
每日宜忌	**季月丑日謂正紅紗，宜事不取**	宜：出行、買車、開光、訂婚、開市、除靈、求醫治病 **忌：入宅、安香、嫁娶、開刀、入殮、火葬、進金**	宜：祈福、酬神、裁衣、合帳、嫁娶、安床、安灶、入殮、移柩、除靈、火葬、進金、安葬 **忌：開光、安機械、造船橋、安門**	宜：出行、買車、裁衣、合帳、嫁娶、安床 **忌：開市、動土、入殮、除靈、火葬、進金、安葬**	宜：牧養、納畜、開光、裁衣、合帳、嫁娶、出火、入宅、安香、求醫治病 **忌：開市、上官、赴任、入殮、除靈、火葬、進金**	宜：嫁娶、安床、開市、入殮、移柩、除靈、火葬、進金、安葬 **忌：入宅、安香、酬神、納畜**	宜：作灶、入殮、除靈 **忌：開光、安床、開市、嫁娶、火葬、進金**
每日吉時	子卯 巳午	子卯 辰巳	丑寅 卯午	子辰 巳午	卯辰 巳午	丑卯 巳午	子卯 辰巳
每日沖煞	**沖羊18 歲煞東**	**沖猴17 歲煞北**	**沖雞16 歲煞西**	**沖狗15 歲煞南**	**沖豬14 歲煞東**	**沖鼠13 歲煞北**	**沖牛12 歲煞西**
每日胎神占方	占門廁 外正北	碓磨爐 外正北	廚灶門 外正北	倉庫栖 外正北	占房床 房內北	占門碓 房內北	碓磨廁 房內北

23	24	25	26	27	28	29	30
四	五	六	日	一	二	三	四
四月 初一	初二	初三	初四	初五	初六	初七	初八
丙申	丁酉	戊戌	己亥	庚子	辛丑	壬寅	癸卯
宜：祈福、酬神、牧養、納畜、開光、設醮、齋醮、裁衣、開市、入殮、移柩、除靈、火葬、進金、安葬 忌：入宅、安香、嫁娶	宜：祈福、酬神、牧養、納畜、齋醮、訂婚、裁衣、安床、掛匾、入殮、移柩、除靈、火葬、進金、安葬 忌：安門、入宅、安香、嫁娶	宜：求醫治病 月破大耗，宜事少取	受死又逢重日，吉喜喪事均不取	宜：祈福、酬神、開光、齋醮、訂婚、裁衣、合帳、安床、入殮、移柩、除靈、火葬、進金、安葬、求醫治病 忌：入宅、安香、嫁娶	季月逢丑日謂正紅紗，宜事不取	宜：出行、買車、納畜、裁衣、安床、開市、除靈 忌：入宅、安香、開光、嫁娶、開刀	宜：出行、買車、嫁娶、安床、作灶、入殮、移柩、除靈、火葬、進金、安葬 忌：造船橋、安門、開刀
子丑 卯午	子辰 巳午	寅卯 巳午	子寅 卯午	子卯 辰巳	丑寅 卯午	子辰 巳午	卯辰 巳午
沖虎11 歲煞南	沖兔10 歲煞東	沖龍9 歲煞北	沖蛇8 歲煞西	沖馬7 歲煞南	沖羊6 歲煞東	沖猴5 歲煞北	沖雞4 歲煞西
廚灶爐 房內北	倉庫門 房內北	房床栖 房內南	占門床 房內南	占碓磨 房內南	廚灶廁 房內南	倉庫爐 房內南	房床門 房內南

二〇二〇年國曆五月

日期	1	2	3	4	5	6
星期	五	六	日	一	二	三
節日節氣	國際勞動節				立夏	
農曆	四月初九	初十	十一	十二	十三	十四
干支	甲辰	乙巳	丙午	丁未	戊申	己酉
每日宜忌	宜：出行 忌：嫁娶、動土、開市、入殮、除靈、火葬	宜：祈福、酬神、設醮、訂婚、裁衣、嫁娶、出火、安床、入宅、安香、求醫治病 忌：開光、安門、開市、入殮、除靈、火葬	宜：出行、買車、牧養、納畜、開光、訂婚、嫁娶、安床、入殮、移柩、除靈、火葬、進金、安葬 忌：入宅、安香、動土、開市	宜：入殮、除靈 四絕逢死，神吉喜事不取	節前宜：祈福、酬神、牧養、納畜、開光、設醮 節後宜：破土、除靈、入殮 忌：嫁娶、安床、上官、赴任	宜：酬神、牧養、納畜、齋醮、裁衣、合帳、出火、安灶、入宅、安香、洽爐、入殮、移柩、除靈、火葬、進金、安葬 忌：嫁娶、出行、開光
每日吉時	子卯巳午	子卯辰巳	丑寅卯午	子辰巳午	卯辰巳午	子寅巳午
每日沖煞	沖狗3 歲煞南	沖豬2 歲煞東	沖鼠1 歲煞北	沖牛60 歲煞西	沖虎59 歲煞南	沖兔58 歲煞東
每日胎神占方	門雞栖 房內東	碓磨床 房內東	廚灶碓 房內東	倉庫廁 房內東	房床爐 房內東	占大門 外東北

7	四		十五	庚戌	宜：祈福、酬神、納畜、齋醮、訂婚、動土、入殮、移柩、除靈、火葬、進金、安葬 忌：開光、嫁娶、入宅、安香	子丑卯巳	沖龍57 歲煞北	碓磨栖 外東北
8	五		十六	辛亥	月破大耗，宜事不取 宜：破屋壞垣	丑寅卯午	沖蛇56 歲煞西	廚灶床 外東北
9	六		十七	壬子	正四廢日凶多吉少，宜事刪刊，南方防災	子丑辰巳	沖馬55 歲煞南	倉庫碓 外東北
10	日	母親節	十八	癸丑	宜：牧養、納畜、齋醮、裁衣、合帳、動土、安床、安灶、開市、入殮、移柩、除靈、破土、火葬、進金、安葬、求醫治病 忌：嫁娶、入宅、開光	寅卯巳午	沖羊54 歲煞東	房床廁 外東北
11	一		十九	甲寅	是日凶多吉少，宜事不取，凡事謹慎小心	子寅卯午	沖猴53 歲煞北	占門爐 外東北
12	二		二十	乙卯	宜：祈福、酬神、開光、齋醮、訂婚、裁衣、動土、安床、除靈、破土 忌：入宅、安香、嫁娶、造船橋、入殮、火葬	子丑卯巳	沖雞52 歲煞西	碓磨門 外正東
13	三		廿一	丙辰	宜：裁衣、合帳、嫁娶、出火、動土、安床、入宅、安香 忌：安機械、入殮、除靈、火葬、進金、安葬	子寅卯午	沖狗51 歲煞南	廚灶栖 外正東
14	四		廿二	丁巳	受死逢重日，吉喜喪事均不取	子辰巳午	沖豬50 歲煞東	倉庫床 外正東
15	五		廿三	戊午	宜：牧養、納畜、訂婚、裁衣、出火、入宅、安香、治爐、掛匾、入殮、移柩、除靈、火葬、進金、安葬、求醫、治病 忌：開光、出行、嫁娶、安床	寅卯辰巳	沖鼠49 歲煞北	房床碓 外正東

日期	16	17	18	19	20	21	22	23
星期	六	日	一	二	三	四	五	六
節日節氣					小滿			
農曆	四月 廿四	廿五	廿六	廿七	廿八	廿九	三十	閏四月 初一
干支	己未	庚申	辛酉	壬戌	癸亥	甲子	乙丑	丙寅
每日宜忌	**是日凶多吉少，宜事不取**	宜：出行、開光、動土、入殮、移柩、除靈、破土、火葬、進金、安葬 **忌：入宅、安香、安床、嫁娶、納畜**	宜：酬神、出行、買車、納畜、齋醮、訂婚、嫁娶、出火、動土、安灶、入宅、安香、洽爐、開市、入殮、移柩、除靈、破土、火葬、進金、安葬	宜：開光、訂婚、裁衣、合帳、嫁娶、動土、安床、入殮、移柩、除靈、破土、火葬、進金、安葬、治病 **忌：入宅、安香、開市、上官、入學**	宜：破屋壞垣 **月破大耗，宜事少取**	宜：酬神、出行、買車、開光、訂婚、嫁娶、出火、動土、安床、安灶、入宅、安香、洽爐、開市、入殮、移柩、除靈、破土、火葬、進金、安葬	**晦日逢婁宿謂真滅沒，宜事不取**	宜：出行、訂婚、裁衣、安床、入宅 **忌：開光、嫁娶、除靈、入殮、火葬、動土**
每日吉時	子卯 巳午	丑卯 辰巳	子丑 寅午	子丑 巳午	寅卯 辰午	子丑 卯巳	寅卯 辰巳	子寅 卯午
每日沖煞	**沖牛48 歲煞西**	**沖虎47 歲煞南**	**沖兔46 歲煞東**	**沖龍45 歲煞北**	**沖蛇44 歲煞西**	**沖馬43 歲煞南**	**沖羊42 歲煞東**	**沖猴41 歲煞北**
每日胎神占方	占門廁 外正東	碓磨爐 外東南	廚灶門 外東南	倉庫栖 外東南	占房床 外東南	占門碓 外東南	碓磨廁 外東南	廚灶爐 外正南

31	30	29	28	27	26	25	24
日	六	五	四	三	二	一	日
初九	初八	初七	初六	初五	初四	初三	初二
甲戌	癸酉	壬申	辛未	庚午	己巳	戊辰	丁卯
宜：祈福、酬神、出行、齋醮、訂婚、動土、入殮、移柩、除靈、破土、火葬、進金、安葬、治病 **忌：嫁娶、上樑、開市、安門**	宜：酬神、出行、買車、開光、設醮、齋醮、訂婚、裁衣、合帳、嫁娶、出火、動土、安床、安灶、入宅、安香、開市、掛匾、入殮、移柩、除靈、火葬	宜：入殮、移柩、除靈、破土、火葬、進金、安葬 **忌：開光、安床、安機械、開市、嫁娶、入宅、安香**	宜：開光、訂婚、裁衣、合帳、嫁娶、安床、作灶 **忌：開市、動土、入殮、除靈、火葬、進金、安葬**	宜：祈福、酬神、牧養、納畜、齋醮、訂婚、合帳、嫁娶、動土、掛匾、入殮、移柩、除靈、破土、火葬、進金、安葬、治病 **忌：入宅、安香、出行**	**受死逢重日，吉喜喪事均不取**	宜：出行、買車、裁衣、合帳、嫁娶、出火、動土、安床、安灶、入宅、安香、洽爐、入殮、除靈、破土 **忌：開光、納畜、開刀、上官、赴任**	宜：祈福、酬神、出行、買車、開光、設醮、齋醮、訂婚、裁衣、嫁娶、動土、安床、除靈、破土、治病 **忌：開市、造船橋、開刀**
子丑 卯午	寅辰 巳午	子辰 巳午	子寅 卯午	丑卯 辰巳	子卯 巳午	寅卯 辰巳	子辰 巳午
沖龍33 歲煞北	**沖兔34 歲煞東**	**沖虎35 歲煞南**	**沖牛36 歲煞西**	**沖鼠37 歲煞北**	**沖豬38 歲煞東**	**沖狗39 歲煞南**	**沖雞40 歲煞西**
門雞栖 外西南	房床門 外西南	倉庫爐 外西南	廚灶廁 外西南	占碓磨 外正南	占門床 外正南	房床栖 外正南	倉庫門 外正南

二〇二〇年國曆六月

日期	星期	節日節氣	農曆	干支	每日宜忌	每日吉時	每日沖煞	每日胎神占方
1	一		閏四月 初十	乙亥	宜：破屋壞垣 **月破大耗，宜事不取**	子丑卯辰	沖蛇32 歲煞西	碓磨床 外西南
2	二		十一	丙子	宜：出行、買車、牧養、納畜、裁衣、合帳、嫁娶、出火、動土、安床、入宅、安香、開市、掛匾 **忌：開光、酬神、入殮、除靈、火葬**	子丑寅卯	沖馬31 歲煞南	廚灶碓 外西南
3	三		十二	丁丑	宜：祈福、酬神、牧養、納畜、開光、齋醮、訂婚、裁衣、合帳、動土、安床、開市、掛匾、入殮、移柩、除靈、破土、火葬、進金、安葬、治病	子辰巳午	沖羊30 歲煞東	倉庫廁 外正西
4	四		十三	戊寅	宜：入殮 **是日凶多吉少，宜事不取**	寅卯辰巳	沖猴29 歲煞北	房床爐 外正西
5	五	芒種	十四	己卯	節前宜：祈福、酬神、開光、齋醮、訂婚、裁衣、嫁娶、安床、開市、除靈、治病 節後宜：作灶 **忌：**出行、買車、造船橋	子卯巳午	沖雞28 歲煞西	占大門 外正西
6	六		十五	庚辰	**月半影食中心食：寅時三點廿五分台灣可見，宜事不取**	子卯辰巳	沖狗27 歲煞南	碓磨栖 外正西

15	14	13	12	11	10	9	8	7
一	日	六	五	四	三	二	一	日
廿四	廿三	廿二	廿一	二十	十九	十八	十七	十六
己丑	戊子	丁亥	丙戌	乙酉	甲申	癸未	壬午	辛巳
宜：出行、開光、動土、入殮、除靈、破土 忌：嫁娶、安門、火葬、進金	宜：破屋壞垣 月破大耗，宜事不取	是日凶多吉少，宜事不取	宜：酬神、出行、買車、納畜、開光、齋醮、訂婚、裁衣、嫁娶、動土、安床、入宅、安香、洽爐、開市、入殮、移柩、除靈、破土、火葬、進金、安葬	宜：嫁娶、作灶、入殮、除靈 忌：造船橋、安門、火葬、進金、安葬	宜：出行、買車、牧養、納畜、裁衣、合帳、嫁娶、出火、入宅、洽爐、開市、掛匾、入殮、移柩、除靈、火葬、進金、安葬 忌：開光、酬神、上樑	宜：出行、買車、牧養、納畜、開光、訂婚、裁衣、合帳、嫁娶、出火、安床、入宅、安香、掛匾 忌：開市、入殮、除靈、火葬、進金、安葬	宜：祭祀、交易、納財 忌：開光、嫁娶、入宅、安香、動土、火葬、除靈	宜：牧養、納畜、裁衣、合帳、嫁娶、出火、動土、安灶、入宅 忌：安床、安機械、入殮、除靈、火葬
子卯巳午	寅卯辰巳	子丑辰午	丑寅卯午	子丑辰巳	子卯巳午	寅卯辰巳	丑辰巳午	子寅卯午
沖羊18 歲煞東	沖馬19 歲煞南	沖蛇20 歲煞西	沖龍21 歲煞北	沖兔22 歲煞東	沖虎23 歲煞南	沖牛24 歲煞西	沖鼠25 歲煞北	沖豬26 歲煞東
占門廁 外正北	房床碓 外正北	倉庫床 外西北	廚灶棲 外西北	碓磨門 外西北	占門爐 外西北	房床廁 外西北	倉庫碓 外西北	廚灶床 外正西

日期	星期	節日節氣	農曆	干支	每日宜忌	每日吉時	每日沖煞	每日胎神占方
16	二		閏四月 廿五	庚寅	宜：訂婚、動土、安床、安灶、掛匾、入殮、移柩、除靈、破土、火葬、進金、安葬、求醫治病 **忌：開光、入宅、安香、開市、嫁娶、安機械**	子卯辰巳	**沖猴 17 歲煞北**	碓磨爐外正北
17	三		廿六	辛卯	**是日凶多吉少，宜事不取**	丑寅卯午	**沖雞 16 歲煞西**	廚灶門外正北
18	四		廿七	壬辰	宜：祈福、酬神、出行、訂婚、裁衣、嫁娶、動土、安床、安灶、破土、治病 **忌：開光、入宅、安香、入殮、火葬、進金**	子辰巳午	**沖狗 15 歲煞南**	倉庫栖外正北
19	五		廿八	癸巳	宜：裁衣、合帳、嫁娶、動土、安灶 **忌：入宅、安香、安床、入殮、火葬**	卯辰巳午	**沖豬 14 歲煞東**	占房床房內北
20	六		廿九	甲午	宜：入殮、移柩、火葬、進金、安葬 **四離值日忌喜事，惟行喪不忌**	丑卯巳午	**沖鼠 13 歲煞北**	占門碓房內北
21	日	夏至	五月 初一	乙未	**日環食中心食：未時十四點卅九分台灣可見，宜事不取**	子卯辰巳	**沖牛 12 歲煞西**	碓磨廁房內北
22	一		初二	丙申	宜：牧養、納畜、訂婚、裁衣、嫁娶、出火、入宅、洽爐、入殮、移柩、除靈、火葬、進金、安葬、求醫治病 **忌：開光、動土、酬神、造船橋**	子丑卯午	**沖虎 11 歲煞南**	廚灶爐房內北

23	24	25	26	27	28	29	30
二	三	四	五	六	日	一	二
		端午節					
初三	初四	初五	初六	初七	初八	初九	初十
丁酉	戊戌	己亥	庚子	辛丑	壬寅	癸卯	甲辰
宜：嫁娶 忌：開市、安門、入宅、安香、入殮、除靈、火葬	宜：酬神、出行、買車、開光、訂婚、嫁娶、出火、動土、安床、入宅、安香、開市、入殮、除靈、破土、火葬、進金、安葬 忌：上官、赴任	宜：開光、訂婚、裁衣、合帳、安床、求醫治病 忌：入宅、安香、出行	宜：破屋壞垣 月破大耗，宜事不取	宜：酬神、齋醮、裁衣、合帳、動土、安床、開市、入殮、移柩、除靈、破土、火葬、進金、安葬 忌：開光、嫁娶、安門	宜：開光、裁衣、動土、安床、開市、掛匾、入殮、移柩、除靈、破土、火葬、進金、安葬 忌：入宅、安香、上官、赴任、入學、嫁娶	宜：作灶、入殮、除靈 忌：開市、入宅、嫁娶、動土、火葬、進金	宜：酬神、出行、納畜、齋醮、訂婚、裁衣、嫁娶、出火、安床、安灶、入宅、安香、治爐、求醫治病 忌：開光、求嗣、入殮、火葬、進金
子辰巳午	寅卯巳午	子寅卯午	子卯辰巳	丑寅卯午	子辰巳午	卯辰巳午	子卯巳午
沖兔10 歲煞東	沖龍9 歲煞北	沖蛇8 歲煞西	沖馬7 歲煞南	沖羊6 歲煞東	沖猴5 歲煞北	沖雞4 歲煞西	沖狗3 歲煞南
倉庫門 房內北	房床栖 房內南	占門床 房內南	占碓磨 房內南	廚灶廁 房內南	倉庫爐 房內南	房床門 房內南	門雞栖 房內東

二〇二〇年國曆七月

日期	星期	節日節氣	農曆	干支	每日宜忌	每日吉時	每日沖煞	每日胎神占方
1	三		五月十一	乙巳	宜：牧養、納畜、裁衣、合帳、嫁娶、動土、安灶、入宅 **忌：開市、安床、酬神、入殮、除靈、火葬**	子卯辰巳	**沖豬2 歲煞東**	碓磨床 房內東
2	四		十二	丙午	宜：入殮、移柩、火葬、進金、安葬 **忌：動土、除靈、安機械**	丑寅卯午	**沖鼠1 歲煞北**	廚灶碓 房內東
3	五		十三	丁未	宜：祈福、酬神、出行、買車、牧養、納畜、開光、訂婚、裁衣、合帳、嫁娶、出火、動土、安床、入宅、安香、開市、掛匾 **忌：入殮、火葬、進金**	子辰巳午	**沖牛60 歲煞西**	倉庫廁 房內東
4	六		十四	戊申	宜：牧養、納畜、裁衣、合帳、出火、入宅、治爐、入殮、移柩、除靈、火葬、進金、安葬、求醫治病 **忌：開光、嫁娶、動土、出行、開市**	卯辰巳午	**沖虎59 歲煞南**	房床爐 房內東
5	日		十五	己酉	**月半影食中心食：午時十二點三十分台灣不見，是日吉星少凶星，宜事刪刊**	子寅巳午	**沖兔58 歲煞東**	占大門 外東北
6	一	小暑	十六	庚戌	宜：酬神、出行、買車、納畜、開光、齋醮、訂婚、嫁娶、動土、安床、入宅、安香、開市、掛匾、入殮、除靈、破土、火葬、進金、安葬 **忌：上官**	子丑卯巳	**沖龍57 歲煞北**	碓磨栖 外東北

7	8	9	10	11	12	13	14	15
二	三	四	五	六	日	一	二	三
十七	十八	十九	二十	廿一	廿二	廿三	廿四	廿五
辛亥	壬子	癸丑	甲寅	乙卯	丙辰	丁巳	戊午	己未
宜：酬神、出行、買車、開光、設醮、訂婚、裁衣、出火、動土、安床、安灶、入宅、安香、開市、掛匾 忌：嫁娶、入殮、除靈、火葬、進金	宜：入殮、移柩、破土、火葬、進金、安葬 **正四廢忌吉喜事，惟行喪不忌**	宜：破屋壞垣 **月破大耗，宜事不取**	宜：出行、買車、開光、訂婚、裁衣、合帳、嫁娶、出火、安床、安灶、入宅、洽爐、開市、掛匾、入殮、除靈、破土、火葬、進金、安葬 忌：造船橋	宜：酬神、出行、開光、齋醮、訂婚、嫁娶、出火、動土、安床、安灶、入宅、安香、掛匾、入殮、除靈、破土、火葬、進金、安葬 忌：開刀	宜：牧養、納畜 忌：開光、安門、開市、安床、嫁娶、入殮、火葬	宜：牧養、納畜、開市 忌：開光、入宅、安香、出行、嫁娶、入殮、火葬	**受死逢往亡，宜事不取**	宜：出行 忌：開市、動土、嫁娶、入殮、除靈、火葬
丑寅卯午	子丑辰巳	寅卯巳午	子寅卯午	子丑卯巳	子寅卯午	子辰巳午	寅卯辰巳	子卯巳午
沖蛇56 歲煞西	**沖馬55 歲煞南**	**沖羊54 歲煞東**	**沖猴53 歲煞北**	**沖雞52 歲煞西**	**沖狗51 歲煞南**	**沖豬50 歲煞東**	**沖鼠49 歲煞北**	**沖牛48 歲煞西**
廚灶床 外東北	倉庫碓 外東北	房床廁 外東北	占門爐 外東北	碓磨門 外正東	廚灶栖 外正東	倉庫床 外正東	房床碓 外正東	占門廁 外正東

日期	星期	節日節氣	農曆	干支	每日宜忌	每日吉時	每日沖煞	每日胎神占方
16	四		五月 廿六	庚申	宜：酬神、裁衣、合帳、嫁娶、動土、開市、入殮、移柩、除靈、破土、火葬、進金、安葬、求醫治病 **忌：開光、上官、赴任、安香**	丑卯 辰巳	**沖虎47 歲煞南**	碓磨爐 外東南
17	五		廿七	辛酉	宜：出行、買車、開光、裁衣、合帳、嫁娶、安床、入殮、移柩、除靈、火葬、進金、安葬 **忌：開市、動土、入宅、安香、開刀**	子丑 寅午	**沖兔46 歲煞東**	廚灶門 外東南
18	六		廿八	壬戌	宜：嫁娶、入殮、除靈 **忌：動土、安機械、火葬、進金**	子丑 巳午	**沖龍45 歲煞北**	倉庫栖 外東南
19	日		廿九	癸亥	**正四廢逢重日，吉喜喪事均不取**	寅卯 辰午	**沖蛇44 歲煞西**	占房床 外東南
20	一		三十	甲子	宜：祈福、酬神、牧養、納畜、訂婚、裁衣、合帳、安床、入殮、移柩、火葬、進金、安葬 **忌：開光、入宅、安香、嫁娶、除靈、開市**	子丑 卯巳	**沖馬43 歲煞南**	占門碓 外東南
21	二		六月 初一	乙丑	**月破大耗正紅紗，宜事不取**	寅卯 辰巳	**沖羊42 歲煞東**	碓磨廁 外東南
22	三	大暑	初二	丙寅	宜：出行、買車、開光、訂婚、裁衣、合帳、嫁娶、出火、安床、入宅、洽爐、入殮、移柩、除靈、火葬、進金、安葬 **忌：造船橋、開刀**	子寅 卯午	**沖猴41 歲煞北**	廚灶爐 外正南
23	四		初三	丁卯	宜：酬神、訂婚、裁衣、嫁娶、安床、入殮、移柩、除靈、火葬、進金、安葬、求醫治病 **忌：開光、入宅、安香、開刀**	子辰 巳午	**沖雞40 歲煞西**	倉庫門 外正南

24	五	初四	戊辰	宜：作灶 忌：入宅、安香、嫁娶、入殮、除靈、火葬	寅卯辰巳	沖狗39 歲煞南	房床栖 外正南
25	六	初五	己巳	宜：祈福、酬神、牧養、納畜、開光、裁衣、嫁娶、出火、作灶、入宅、安香、開市、求醫治病 忌：出行、買車、入殮、除靈、火葬、進金	子卯巳午	沖豬38 歲煞東	占門床 外正南
26	日	初六	庚午	宜：入殮、移柩、除靈、火葬、安葬 **受死忌吉喜事，惟行喪不忌**	丑卯辰巳	沖鼠37 歲煞北	占碓磨 外正南
27	一	初七	辛未	宜：酬神、出行、納畜、訂婚、裁衣、合帳、安床、入宅、安香 忌：開光、動土、安機械、嫁娶、入殮、除靈、火葬、進金	子寅卯午	沖牛36 歲煞西	廚灶廁 外西南
28	二	初八	壬申	宜：酬神、開光、齋醮、嫁娶、開市、入殮、移柩、除靈、火葬、進金、安葬、求醫治病 忌：入宅、安香、納畜、安床	子辰巳午	沖虎35 歲煞南	倉庫爐 外西南
29	三	初九	癸酉	宜：牧養、納畜、裁衣、合帳、安床、開市、入殮、移柩、除靈、火葬 忌：入宅、安香、開光、嫁娶、動土、開刀	寅辰巳午	沖兔34 歲煞東	房床門 外西南
30	四	初十	甲戌	宜：嫁娶 忌：酬神、安門、動土、開市	子丑卯午	沖龍33 歲煞北	門雞栖 外西南
31	五	十一	乙亥	宜：祈福、酬神、出行、買車、納畜、設醮、訂婚、裁衣、出火、安床、安灶、入宅、安香、開市 忌：開光、求嗣、嫁娶、入殮、除靈、火葬	子丑卯辰	沖蛇32 歲煞西	碓磨床 外西南

二〇二〇年國曆八月

日期	1	2	3	4	5	6	7
星期	六	日	一	二	三	四	五
節日節氣							立秋
農曆	六月十二	十三	十四	十五	十六	十七	十八
干支	丙子	丁丑	戊寅	己卯	庚辰	辛巳	壬午
每日宜忌	宜：入殮、移柩、火葬、進金、安葬 **忌：開市、入宅、安香、嫁娶、除靈**	**月破大耗正紅紗，宜事不取**	宜：開光、訂婚、裁衣、嫁娶、出火、安床、安灶、入宅、洽爐、開市、掛匾、入殮、移柩、除靈、火葬、進金、安葬 **忌：開刀、出行、買車**	宜：酬神、出行、買車、設醮、訂婚、裁衣、出火、安床、安灶、入宅、安香、掛匾 **忌：嫁娶、入殮、火葬**	宜：牧養、納畜、作灶 **忌：安床、上官、赴任、安機械、嫁娶、入殮、火葬**	宜：求醫治病 **四絕日忌吉喜事，逢重日行喪亦忌**	節前宜：入殮、移柩、除靈、火葬、安葬 節後宜：酬神、出行、買車、開光、齋醮、訂婚、動土、除靈、破土 **忌：嫁娶**
每日吉時	子丑寅卯	子辰巳午	寅卯辰巳	子卯巳午	子卯辰巳	子寅卯午	丑辰巳午
每日沖煞	**沖馬31 歲煞南**	**沖羊30 歲煞東**	**沖猴29 歲煞北**	**沖雞28 歲煞西**	**沖狗27 歲煞南**	**沖豬26 歲煞東**	**沖鼠25 歲煞北**
每日胎神占方	廚灶碓 外西南	倉庫廁 外正西	房床爐 外正西	占大門 外正西	碓磨棲 外正西	廚灶床 外正西	倉庫碓 外西北

8	9	10	11	12	13	14	15
六	日	一	二	三	四	五	六
十九	二十	廿一	廿二	廿三	廿四	廿五	廿六
癸未	甲申	乙酉	丙戌	丁亥	戊子	己丑	庚寅
宜：祈福、酬神、出行、嫁娶、入殮、移柩、除靈、火葬、進金、安葬 忌：開光、入宅、安香、上官、赴任、動土	宜：出行、買車、嫁娶、入殮、除靈 忌：開市、動土、安門、上樑	宜：裁衣、合帳、入殮、移柩、破土、火葬、進金、安葬 忌：入宅、安香、嫁娶、除靈	宜：牧養、納畜、開光、裁衣、合帳 忌：嫁娶、動土、入殮、除靈、火葬	宜：訂婚、裁衣、合帳 忌：安機械、開光、嫁娶、開市、入殮、火葬	宜：酬神、出行、開光、訂婚、嫁娶、動土、安床、入宅、安香、掛匾、入殮、移柩、除靈、火葬、進金、安葬	宜：入殮、移柩、除靈、破土、火葬、安葬 **受死忌吉喜事，惟行喪不忌**	宜：破屋壞垣 **月破大耗，宜事少取**
寅卯辰巳	子卯巳午	子丑辰巳	丑寅卯午	子丑辰午	寅卯辰巳	子卯巳午	子卯辰巳
沖牛24 歲煞西	**沖虎23 歲煞南**	**沖兔22 歲煞東**	**沖龍21 歲煞北**	**沖蛇20 歲煞西**	**沖馬19 歲煞南**	**沖羊18 歲煞東**	**沖猴17 歲煞北**
房床廁 外西北	占門爐 外西北	碓磨門 外西北	廚灶栖 外西北	倉庫床 外西北	房床碓 外正北	占門廁 外正北	碓磨爐 外正北

日期	16	17	18	19	20	21	22
星期	日	一	二	三	四	五	六
節日節氣							處暑
農曆	六月 廿七	廿八	廿九	七月 初一	初二	初三	初四
干支	辛卯	壬辰	癸巳	甲午	乙未	丙申	丁酉
每日宜忌	宜：酬神、出行、買車、齋醮、嫁娶、出火、入宅、安香、開市、入殮、移柩、除靈、火葬、進金、安葬 **忌：安床、動土、開光、入學**	宜：酬神、開光、設醮、齋醮、訂婚、嫁娶、動土、開市、入殮、移柩、破土、火葬、進金、安葬 **忌：入宅、安香、上官、開刀**	宜：酬神、開光、訂婚、合帳、嫁娶、出火、動土、安床、安灶、入宅、安香、開市 **忌：開刀、入殮、除靈、火葬、進金、安葬**	宜：酬神、出行、買車、設醮、齋醮、訂婚、動土、安床、開市、普渡、移柩、除靈、破土 **忌：入宅、安香、開光、嫁娶、入殮、火葬、進金**	宜：酬神、設醮、齋醮、合帳、嫁娶、安床、安灶、入宅、安香、普渡、入殮、移柩、除靈、火葬、進金、安葬 **忌：開市、安門、造船橋**	宜：出行、牧養、納畜、嫁娶、普渡、入殮、移柩、除靈、火葬、進金、安葬 **忌：開光、動土、安機械**	宜：祈福、酬神、納畜、開光、訂婚、安床、入殮、移柩、破土、火葬、進金、安葬 **忌：入宅、安香、嫁娶、上官、入學、除靈**
每日吉時	丑寅卯午	子辰巳午	卯辰巳午	丑卯巳午	子卯辰巳	子丑卯午	子辰巳午
每日沖煞	**沖雞16 歲煞西**	**沖狗15 歲煞南**	**沖豬14 歲煞東**	**沖鼠13 歲煞北**	**沖牛12 歲煞西**	**沖虎11 歲煞南**	**沖兔10 歲煞東**
每日胎神占方	廚灶門 外正北	倉庫栖 外正北	占房床 房內北	占門碓 房內北	碓磨廁 房內北	廚灶爐 房內北	倉庫門 房內北

23	24	25	26	27	28	29	30	31
日	一	二	三	四	五	六	日	一
初五	初六	初七	初八	初九	初十	十一	十二	十三
戊戌	己亥	庚子	辛丑	壬寅	癸卯	甲辰	乙巳	丙午
宜：牧養、納畜、開光、訂婚、裁衣、合帳、出火、安床、入宅、求醫治病 **忌：嫁娶、出行、買車、動土、入殮、除靈、火葬**	**是日凶星多吉星少，宜事不取**	宜：祈福、酬神、出行、牧養、納畜、設醮、訂婚、普渡、合帳、動土、安床、掛匾 **忌：開市、嫁娶、入殮、火葬**	宜：入殮、移柩、除靈、破土、火葬、安葬 **受死忌吉喜事，惟行喪不忌**	宜：求醫治病、破屋壞垣 **月破大耗，宜事不取**	宜：酬神、出行、買車、納畜、開光、齋醮、訂婚、嫁娶、普渡、入宅、安香、洽爐、掛匾、入殮、移柩、除靈、火葬、進金、安葬 **忌：動土、開市**	宜：酬神、訂婚、裁衣、嫁娶、安灶、入宅、安香、動土、掛匾、入殮、移柩、除靈、破土、火葬、進金、安葬、求醫治病 **忌：開光、安門、開刀**	宜：開光、訂婚、裁衣、嫁娶、動土、安床、作灶、開市 **忌：酬神、安機械、入殮、除靈、火葬**	宜：酬神、出行、開光、訂婚、裁衣、嫁娶、動土、安床、除靈、破土、治病 **忌：入宅、安香、開刀、入殮、火葬**
寅卯巳午	子寅卯午	子卯辰巳	丑寅卯午	子辰巳午	卯辰巳午	子卯巳午	子卯辰巳	丑寅卯午
沖龍9 歲煞北	**沖蛇8 歲煞西**	**沖馬7 歲煞南**	**沖羊6 歲煞東**	**沖猴5 歲煞北**	**沖雞4 歲煞西**	**沖狗3 歲煞南**	**沖豬2 歲煞東**	**沖鼠1 歲煞北**
房床栖 房內南	占門床 房內南	占碓磨 房內南	廚灶廁 房內南	倉庫爐 房內南	房床門 房內南	門雞栖 房內東	碓磨床 房內東	廚灶碓 房內東

二〇二〇年國曆九月

日期	星期	節日節氣	農曆	干支	每日宜忌	每日吉時	每日沖煞	每日胎神占方
1	二		七月十四	丁未	宜：酬神、納畜、齋醮、嫁娶、普渡、動土、安床、入宅、安香、入殮、移柩、除靈、破土、火葬、進金、安葬 忌：訂婚、出行	子辰巳午	沖牛60 歲煞西	倉庫廁 房內東
2	三		十五	戊申	宜：酬神、出行、納畜、設醮、齋醮、普渡、入宅、安香、入殮、移柩、除靈、火葬、進金、安葬 忌：嫁娶、開光、開市、動土	卯辰巳午	沖虎59 歲煞南	房床爐 房內東
3	四		十六	己酉	宜：酬神、裁衣、合帳、動土、入殮、移柩、破土、火葬、進金、安葬 忌：入宅、安香、嫁娶、開市、除靈	子寅巳午	沖兔58 歲煞東	占大門 外東北
4	五		十七	庚戌	宜：納畜 忌：開光、動土、嫁娶、上樑、入殮、除靈、火葬	子丑卯巳	沖龍57 歲煞北	碓磨栖 外東北
5	六		十八	辛亥	宜：作灶 忌：嫁娶、入宅、安香、開市、入殮、除靈、火葬	丑寅卯午	沖蛇56 歲煞西	廚灶床 外東北
6	日		十九	壬子	宜：酬神、出行、納畜、設醮、齋醮、普渡、訂婚、嫁娶、動土、安床、掛匾、入殮、除靈、火葬、進金、安葬 忌：開市、開光	子丑辰巳	沖馬55 歲煞南	倉庫碓 外東北
7	一	白露	二十	癸丑	節前宜：入殮、除靈、火葬、安葬 節後宜：酬神、出行、開光、齋醮、嫁娶、動土、安灶、開市、普渡、掛匾、入殮、除靈、火葬、進金、安葬	寅卯巳午	沖羊54 歲煞東	房床廁 外東北

8	9	10	11	12	13	14	15
二	三	四	五	六	日	一	二
廿一	廿二	廿三	廿四	廿五	廿六	廿七	廿八
甲寅	乙卯	丙辰	丁巳	戊午	己未	庚申	辛酉
宜：入殮、移柩、除靈、破土、火葬、進金、安葬 **正四廢忌吉喜事，惟行喪不忌**	宜：求醫治病、破屋壞垣 **月破大耗，宜事少取**	宜：祈福、酬神、齋醮、普渡、裁衣、合帳、動土、安床、入殮、除靈、破土 **忌：**開光、嫁娶、開市、出行	宜：祈福、酬神、開光、設醮、訂婚、裁衣、合帳、嫁娶、出火、動土、安床、入宅、安香、開市、掛匾、求醫治病 **忌：**入殮、除靈、火葬	宜：入殮、除靈、普渡 **忌：**動土、入宅、安香、嫁娶、開市	宜：除靈 **受死忌吉喜事，開日、入殮、火葬、進金、安葬不取**	宜：出行、買車、裁衣、合帳、嫁娶、出火、動土、安灶、入宅、入殮、移柩、破土、火葬、進金、安葬 **忌：**納畜、開光、開刀、除靈	宜：祈福、酬神 **忌：**開市、動土、安機械、嫁娶、入殮、除靈、火葬
子寅卯午	子丑卯巳	子寅卯午	子辰巳午	寅卯辰巳	子卯巳午	丑卯辰巳	子丑寅午
沖猴53 歲煞北	**沖雞52 歲煞西**	**沖狗51 歲煞南**	**沖豬50 歲煞東**	**沖鼠49 歲煞北**	**沖牛48 歲煞西**	**沖虎47 歲煞南**	**沖兔46 歲煞東**
占門爐 外東北	碓磨門 外正東	廚灶栖 外正東	倉庫床 外正東	房床碓 外正東	占門廁 外正東	碓磨爐 外東南	廚灶門 外東南

日期	16	17	18	19	20	21	22	23
星期	三	四	五	六	日	一	二	三
節日節氣							秋分	
農曆	七月廿九	八月初一	初二	初三	初四	初五	初六	初七
干支	壬戌	癸亥	甲子	乙丑	丙寅	丁卯	戊辰	己巳
每日宜忌	宜：出行、買車、訂婚、裁衣、合帳、嫁娶、動土、安床、開市、普渡 **忌：入宅、安香、安門、開刀、入殮、除靈、火葬**	宜：出行、買車、開光、作灶、開市 **忌：酬神、嫁娶、動土、入殮、除靈、火葬**	**是日凶星多吉星少，宜事不取**	宜：酬神、出行、納畜、開光、齋醮、訂婚、嫁娶、動土、安床、安灶、入宅、安香、掛匾、入殮、除靈、火葬、進金、安葬	宜：開光、移柩、除靈、火葬、進金、安葬 **忌：入宅、安香、嫁娶、入殮、安床**	宜：求醫治病、破屋壞垣 **月破四離值日，宜事不取**	宜：裁衣、合帳、安灶、入殮、除靈、破土 **忌：開光、嫁娶、開市、火葬、進金、安葬**	宜：酬神、裁衣、合帳、出火、動土、安床、安灶、入宅、安香、開市、掛匾 **忌：開光、嫁娶、入殮、火葬、進金、安葬**
每日吉時	子丑巳午	寅卯辰午	子丑卯巳	寅卯辰巳	子寅卯午	子辰巳午	寅卯辰巳	子卯巳午
每日沖煞	**沖龍45 歲煞北**	**沖蛇44 歲煞西**	**沖馬43 歲煞南**	**沖羊42 歲煞東**	**沖猴41 歲煞北**	**沖雞40 歲煞西**	**沖狗39 歲煞南**	**沖豬38 歲煞東**
每日胎神占方	倉庫栖 外東南	占房床 外東南	占門碓 外東南	碓磨廁 外東南	廚灶爐 外正南	倉庫門 外正南	房床栖 外正南	占門床 外正南

24	25	26	27	28	29	30
四	五	六	日	一	二	三
				教師節		
初八	初九	初十	十一	十二	十三	十四
庚午	辛未	壬申	癸酉	甲戌	乙亥	丙子
宜：裁衣、合帳、入殮、除靈 忌：入宅、安香、嫁娶、開市、安機械、火葬	受死逢開日，吉喜喪事均不取	宜：牧養、納畜、裁衣、合帳、嫁娶、出火、動土、安灶、入宅、入殮、移柩、破土、火葬、進金、安葬 忌：開光、安門、除靈	宜：出行、入殮、除靈 忌：動土、開市、安門、嫁娶、入宅、安香	宜：酬神、出行、買車、開光、訂婚、裁衣、嫁娶、出火、動土、安床、入宅、安香、開市 忌：入殮、除靈、火葬、進金、安葬	宜：出行、買車、牧養、納畜、開光、訂婚、裁衣、合帳、出火、安床、安灶、入宅、開市、掛匾、求醫治病 忌：酬神、入殮、除靈、火葬	宜：入殮、除靈、破土 忌：入宅、安香、開光、嫁娶、出行、開市
丑卯辰巳	子寅卯午	子辰巳午	寅辰巳午	子丑卯午	子丑卯辰	子丑寅卯
沖鼠37 歲煞北	沖牛36 歲煞西	沖虎35 歲煞南	沖兔34 歲煞東	沖龍33 歲煞北	沖蛇32 歲煞西	沖馬31 歲煞南
占碓磨 外正南	廚灶廁 外西南	倉庫爐 外西南	房床門 外西南	門雞栖 外西南	碓磨床 外西南	廚灶碓 外西南

二〇二〇年國曆十月

日期	1	2	3	4	5	6	7
星期	四	五	六	日	一	二	三
節日節氣	中秋節						
農曆	八月十五	十六	十七	十八	十九	二十	廿一
干支	丁丑	戊寅	己卯	庚辰	辛巳	壬午	癸未
每日宜忌	宜：酬神、出行、齋醮、訂婚、動土、安床、安灶、入宅、安香、開市、掛匾、入殮、除靈、火葬、進金 **忌：開光、嫁娶、安機械**	宜：開光、訂婚、裁衣、合帳、動土、入殮、移柩、除靈、破土、火葬、進金、安葬 **忌：入宅、安香、嫁娶、安床**	宜：求醫治病、破屋壞垣 **月破大耗，宜事不取**	宜：酬神、出行、齋醮、嫁娶、出火、動土、安床、安灶、入宅、安香、入殮、移柩、除靈、火葬、進金、安葬	宜：祈福、酬神、開光、設醮、訂婚、嫁娶、動土、安灶、掛匾、求醫治病 **忌：入宅、安香、開市、入殮、除靈、火葬、進金、安葬**	宜：嫁娶、入殮、除靈 **忌：入宅、安香、開刀、造船橋、開市、火葬**	宜：除靈 **受死忌吉喜事，逢開行喪亦不取**
每日吉時	子辰巳午	寅卯辰巳	子卯巳午	子卯辰巳	子寅卯午	丑辰巳午	寅卯辰巳
每日沖煞	沖羊30 歲煞東	沖猴29 歲煞北	沖雞28 歲煞西	沖狗27 歲煞南	沖豬26 歲煞東	沖鼠25 歲煞北	沖牛24 歲煞西
每日胎神占方	倉庫廁 外正西	房床爐 外正西	占大門 外正西	碓磨棲 外正西	廚灶床 外正西	倉庫碓 外西北	房床廁 外西北

8	9	10	11	12	13	14	15
四	五	六	日	一	二	三	四
寒露		雙十國慶紀念日					
廿二	廿三	廿四	廿五	廿六	廿七	廿八	廿九
甲申	乙酉	丙戌	丁亥	戊子	己丑	庚寅	辛卯
節前：時間短促不取 節後宜：酬神、出行、齋醮、訂婚、嫁娶、動土、安灶、除靈、破土	宜：酬神、裁衣、合帳、安床、作灶、入殮、移柩、除靈、破土、火葬、進金、安葬 忌：開光、嫁娶、安門、穿井	宜：酬神、出行、買車、納畜、開光、訂婚、裁衣、合帳、嫁娶、安床、入宅、安香、開市 忌：動土、安機械、入殮、火葬	宜：出行、買車、裁衣、合帳、安床、開市 忌：嫁娶、入殮、除靈、火葬	宜：安床、開市 忌：入宅、安香、開光、動土、嫁娶、入殮、火葬	季月逢丑日謂正紅紗，宜事不取	宜：入殮、移柩、除靈、破土、火葬、安葬 受死忌吉喜事，惟行喪不忌	宜：酬神、出行、開光、齋醮、嫁娶、出火、動土、安床、安灶、入宅、安香、掛匾、入殮、移柩、除靈、破土、火葬、進金、安葬、治病 忌：上官
子卯巳午	子丑辰巳	丑寅卯午	子丑辰午	寅卯辰巳	子卯巳午	子卯辰巳	丑寅卯午
沖虎23 歲煞南	沖兔22 歲煞東	沖龍21 歲煞北	沖蛇20 歲煞西	沖馬19 歲煞南	沖羊18 歲煞東	沖猴17 歲煞北	沖雞16 歲煞西
占門爐 外西北	碓磨門 外西北	廚灶栖 外西北	倉庫床 外西北	房床碓 外正北	占門廁 外正北	碓磨爐 外正北	廚灶門 外正北

日期	16	17	18	19	20	21	22	23
星期	五	六	日	一	二	三	四	五
節日節氣								霜降
農曆	八月三十	九月初一	初二	初三	初四	初五	初六	初七
干支	壬辰	癸巳	甲午	乙未	丙申	丁酉	戊戌	己亥
每日宜忌	**晦日逢鬼宿謂真滅沒，宜事不取**	宜：訂婚、裁衣、合帳、動土、安床、入宅 **忌：**開光、嫁娶、入殮、除靈、火葬	宜：酬神、開光、齋醮、訂婚、嫁娶、出火、動土、安床、安灶、入宅、安香、掛匾、入殮、移柩、除靈、破土、火葬、進金、安葬 **忌：**開市、開刀	宜：入殮、除靈 **忌：**開光、嫁娶、安機械、火葬	宜：酬神、出行、開光、齋醮、訂婚、嫁娶、出火入宅、安香、除靈 **忌：**上官、赴任、入學、安床	宜：裁衣、合帳、嫁娶、安床、入殮、移柩、除靈、火葬、進金、安葬 **忌：**出行、買車、剃頭、安門	**是日凶星多吉星少，宜事不取**	**是日凶星多吉星少，宜事不取**
每日吉時	子辰巳午	卯辰巳午	丑卯巳午	子卯辰巳	子丑卯午	子辰巳午	寅卯巳午	子寅卯午
每日沖煞	沖狗15 歲煞南	沖豬14 歲煞東	沖鼠13 歲煞北	沖牛12 歲煞西	沖虎11 歲煞南	沖兔10 歲煞東	沖龍9 歲煞北	沖蛇8 歲煞西
每日胎神占方	倉庫栖 外正北	占房床 房內北	占門碓 房內北	碓磨廁 房內北	廚灶爐 房內北	倉庫門 房內北	房床栖 房內南	占門床 房內南

31	30	29	28	27	26	25	24
六	五	四	三	二	一	日	六
						重陽節	
十五	十四	十三	十二	十一	初十	初九	初八
丁未	丙午	乙巳	甲辰	癸卯	壬寅	辛丑	庚子
是日凶星多吉星少，宜事少取	宜：酬神、開光、訂婚、裁衣、合帳、嫁娶、出火、安床、入宅、安香、開市、掛匾、入殮、移柩、除靈、火葬、進金、安葬 **忌：**出行、買車、開刀	宜：訂婚、裁衣、安床 **忌：**嫁娶、酬神、入殮、除靈、火葬	**月破大耗，宜事不取**	宜：祈福、酬神、出行、牧養、納畜、齋醮、訂婚、嫁娶、出火、安床、安灶、入宅、安香、入殮、移柩、除靈、火葬、進金、安葬 **忌：**開光	宜：入斂、移柩、除靈、火葬、安葬 **受死忌吉喜事，惟行喪不忌**	**正紅紗，宜事不取**	宜：開光、安床、開市、入殮、移柩、除靈、火葬、進金、安葬 **忌：**入宅、安香、動土、嫁娶、納畜
子辰巳午	丑寅卯午	子卯辰巳	子卯巳午	卯辰巳午	子辰巳午	丑寅卯午	子卯辰巳
沖牛60 歲煞西	**沖鼠1 歲煞北**	**沖豬2 歲煞東**	**沖狗3 歲煞南**	**沖雞4 歲煞西**	**沖猴5 歲煞北**	**沖羊6 歲煞東**	**沖馬7 歲煞南**
倉庫廁 房內東	廚灶碓 房內東	碓磨床 房內東	門雞栖 房內東	房床門 房內南	倉庫爐 房內南	廚灶廁 房內南	占碓磨 房內南

二〇二〇年國曆十一月

日期	1	2	3	4	5	6	7
星期	日	一	二	三	四	五	六
節日節氣							立冬
農曆	九月十六	十七	十八	十九	二十	廿一	廿二
干支	戊申	己酉	庚戌	辛亥	壬子	癸丑	甲寅
每日宜忌	宜：祈福、酬神、出行、開光、求醫治病 **忌：入宅、安香、嫁娶、入殮、除靈、火葬**	宜：安灶 **忌：開光、嫁娶、入宅、安香、開市、入殮、火葬**	宜：裁衣、合帳 **忌：動土、入宅、安香、嫁娶、入殮、除靈、火葬**	宜：祈福、酬神、出行、牧養、納畜、設醮、裁衣、合帳、出火、安床、入宅、安香、求醫治病 **忌：開光、安機械、嫁娶、入殮、除靈、火葬**	宜：開光、開市、入殮、移柩、除靈、火葬、進金、安葬 **忌：入宅、嫁娶**	**四絕正紅紗值日，宜事不取**	節前宜：入殮、移柩、除靈、火葬、安葬 節後宜：出行、買車、動土、入宅、開市、入殮、移柩、除靈、破土、火葬、進金、安葬 **忌：嫁娶、納畜**
每日吉時	卯辰巳午	子寅巳午	子丑卯巳	丑寅卯午	子丑辰巳	寅卯巳午	子寅卯午
每日沖煞	**沖虎59歲煞南**	**沖兔58歲煞東**	**沖龍57歲煞北**	**沖蛇56歲煞西**	**沖馬55歲煞南**	**沖羊54歲煞東**	**沖猴53歲煞北**
每日胎神占方	房床爐房內東	占大門外東北	碓磨栖外東北	廚灶床外東北	倉庫碓外東北	房床廁外東北	占門爐外東北

15	14	13	12	11	10	9	8
日	六	五	四	三	二	一	日
十月初一	廿九	廿八	廿七	廿六	廿五	廿四	廿三
壬戌	辛酉	庚申	己未	戊午	丁巳	丙辰	乙卯
宜：安床 忌：嫁娶、入殮、除靈、火葬、進金、安葬	宜：祈福、酬神、出行、開光、齋醮、嫁娶、動土、安床、除靈、破土 忌：入宅、安香、開刀、入殮、火葬、進金	宜：入殮、除靈 **受死忌吉喜事，逢收火葬亦忌**	宜：祈福、酬神、牧養、納畜、齋醮、訂婚、動土、入殮、移柩、除靈、破土、火葬、進金、安葬 忌：開光、入宅、嫁娶、開市	宜：開光、訂婚、裁衣、嫁娶、安灶、入宅、安香、洽爐、入殮、移柩、除靈、火葬、進金、安葬 忌：安床、開市、動土、造船橋	宜：破屋壞垣 **月破大耗，宜事不取**	宜：祈福、酬神、開光、裁衣、合帳、嫁娶、安床、入宅、安香、洽爐、入殮、移柩、除靈、火葬、進金、安葬、求醫治病 忌：作灶、動土	宜：祈福、酬神、牧養、納畜、齋醮、訂婚、出火、動土、安床、安灶、入宅、安香、入殮、移柩、除靈、破土、火葬、進金、安葬 忌：嫁娶、開光
子丑巳午	子丑寅午	丑卯辰巳	子卯巳午	寅卯辰巳	子辰巳午	子寅卯午	子丑卯巳
沖龍45 歲煞北	**沖兔46 歲煞東**	**沖虎47 歲煞南**	**沖牛48 歲煞西**	**沖鼠49 歲煞北**	**沖豬50 歲煞東**	**沖狗51 歲煞南**	**沖雞52 歲煞西**
倉庫栖外東南	廚灶門外東南	碓磨爐外東南	占門廁外正東	房床碓外正東	倉庫床外正東	廚灶栖外正東	碓磨門外正東

日期	16	17	18	19	20	21	22
星期	一	二	三	四	五	六	日
節日節氣							小雪
農曆	十月初二	初三	初四	初五	初六	初七	初八
干支	癸亥	甲子	乙丑	丙寅	丁卯	戊辰	己巳
每日宜忌	**是日凶星多吉星少，宜事不取**	宜：祈福、酬神、牧養、納畜、開光、訂婚、嫁娶、動土、掛匾、入殮、移柩、除靈、破土、火葬、進金、安葬、求醫治病 **忌：入宅、安香、安床**	宜：牧養 **忌：入宅、安香、嫁娶、動土、入殮、除靈、火葬**	宜：訂婚、裁衣、嫁娶、動土、安床、入宅、洽爐、開市、入殮、移柩、除靈、破土、火葬、進金、安葬 **忌：安香、出行、納畜**	宜：祈福、酬神、出行、買車、納畜、訂婚、出火、動土、安床、入宅、安香、洽爐、掛匾、入殮、移柩、除靈、破土、火葬、進金、安葬 **忌：嫁娶**	宜：裁衣、合帳、安床、入殮、移柩、除靈、火葬、進金、安葬、求醫治病 **忌：開光、嫁娶、動土、上官、赴任**	宜：破屋壞垣 **月破大耗，宜事不取**
每日吉時	寅卯辰午	子丑卯巳	寅卯辰巳	子寅卯午	子辰巳午	寅卯辰巳	子卯巳午
每日沖煞	沖蛇44 歲煞西	沖馬43 歲煞南	沖羊42 歲煞東	沖猴41 歲煞北	沖雞40 歲煞西	沖狗39 歲煞南	沖豬38 歲煞東
每日胎神占方	占房床 外東南	占門碓 外東南	碓磨廁 外東南	廚灶爐 外正南	倉庫門 外正南	房床栖 外正南	占門床 外正南

日期	星期	農曆	干支	宜忌	吉時	沖煞	胎神
23	一	初九	午庚	宜：酬神、出行、買車、納畜、開光、齋醮、訂婚、出火、動土、安灶、入宅、安香、開市、掛匾、入殮、除靈、破土、火葬、進金、安葬 忌：嫁娶	丑卯辰巳	沖鼠37 歲煞北	占碓磨外正南
24	二	初十	未辛	宜：祈福、酬神、納畜、訂婚、裁衣、合帳、動土、安床、安灶、掛匾、入殮、移柩、除靈、破土、火葬、進金、安葬 忌：入宅、安香、嫁娶、開光	子寅卯午	沖牛36 歲煞西	廚灶廁外西南
25	三	十一	申壬	受死忌吉喜事逢收日，行喪亦不取	子辰巳午	沖虎35 歲煞南	倉庫爐外西南
26	四	十二	酉癸	宜：祈福、酬神、出行、買車、開光、齋醮、裁衣、嫁娶、動土、安床、開市、除靈、求醫治病 忌：入宅、安香、開刀、入殮、火葬	寅辰巳午	沖兔34 歲煞東	房床門外西南
27	五	十三	戌甲	宜：祈福、酬神、出行、齋醮、訂婚、嫁娶、動土、入殮、移柩、除靈、破土、火葬、進金、安葬 忌：入宅、安香、開刀	子丑卯午	沖龍33 歲煞北	門雞棲外西南
28	六	十四	亥乙	宜：祭祀、沐浴 忌：嫁娶、動土、開光、出行、開市、入宅、安香、入殮、火葬	子丑卯辰	沖蛇32 歲煞西	碓磨床外西南
29	日	十五	子丙	宜：祈福、酬神、出行、買車、納畜、齋醮、訂婚、出火、動土、入宅、安香、開市、掛匾、入殮、移柩、除靈、破土、火葬、進金、安葬 忌：嫁娶	子丑寅卯	沖馬31 歲煞南	廚灶碓外西南
30	一	十六	丑丁	月半影食：中心食：酉時十七點四十三分台灣可見，宜事不取	子辰巳午	沖羊30 歲煞東	倉庫廁外正西

二〇二〇年國曆十二月

日期	1	2	3	4	5	6
星期	二	三	四	五	六	日
節日節氣						
農曆	十月十七	十八	十九	二十	廿一	廿二
干支	戊寅	己卯	庚辰	辛巳	壬午	癸未
每日宜忌	宜：出行、買車、開光、訂婚、裁衣、合帳、出火、安床、入宅、洽爐、開市、入殮、除靈 **忌：嫁娶、安機械、納畜、火葬、進金、安葬**	宜：酬神、出行、買車、設醮、齋醮、訂婚、出火、動土、安床、安灶、入宅、安香、開市、入殮、除靈、破土、火葬、進金、安葬 **忌：嫁娶、開光**	宜：祈福、酬神、出行、納畜、開光、設醮、齋醮、裁衣、嫁娶、出火、安床、入宅、安香、洽爐、除靈、火葬、進金、安葬 **忌：開市、動土**	宜：求醫治病、破屋壞垣 **月破大耗，宜事不取**	宜：祈福、酬神、出行、買車、牧養、納畜、開光、設醮、訂婚、裁衣、合帳、嫁娶、出火、動土、安灶、入宅、安香、開市、掛匾 **忌：入殮、火葬**	宜：祈福、酬神、牧養、納畜、訂婚、入殮、移柩、除靈、火葬、進金、安葬 **忌：入宅、安香、開光、嫁娶、開市、安門**
每日吉時	寅卯辰巳	子卯巳午	子卯辰巳	子寅卯午	丑辰巳午	寅卯辰巳
每日沖煞	**沖猴29 歲煞北**	**沖雞28 歲煞西**	**沖狗27 歲煞南**	**沖豬26 歲煞東**	**沖鼠25 歲煞北**	**沖牛24 歲煞西**
每日胎神占方	房床爐 外正西	占大門 外正西	碓磨栖 外正西	廚灶床 外正西	倉庫碓 外西北	房床廁 外西北

日	星期	節氣	農曆	干支	宜忌	吉時	沖煞	胎神
7	一	大雪	廿三	甲申	節前宜：入殮、除靈 節後宜：祈福、酬神、齋醮、訂婚、裁衣、合帳、安灶、掛匾、入殮、移柩、除靈、火葬、進金、安葬	子卯巳午	沖虎23 歲煞南	占門爐 外西北
8	二		廿四	乙酉	宜：安床、作灶、入殮、除靈 忌：嫁娶、入宅、安香、安機械、開刀、火葬	子丑辰巳	沖兔22 歲煞東	碓磨門 外西北
9	三		廿五	丙戌	宜：祈福、酬神、牧養、齋醮、訂婚、裁衣、動土、除靈、破土 忌：入宅、安香、嫁娶、安床、入殮、火葬	丑寅卯午	沖龍21 歲煞北	廚灶栖 外西北
10	四		廿六	丁亥	宜：牧養、納畜、訂婚、裁衣、合帳、動土、入宅 忌：開光、安床、造船橋、嫁娶、入殮、除靈、火葬	子丑辰午	沖蛇20 歲煞西	倉庫床 外西北
11	五		廿七	戊子	宜：入殮、除靈 忌：動土、開市、嫁娶、求嗣、火葬	寅卯辰巳	沖馬19 歲煞南	房床碓 外正北
12	六		廿八	己丑	宜：祈福、酬神、出行、買車、牧養、納畜、開光、訂婚、裁衣、嫁娶、出火、動土、安床、入宅、安香、開光、求醫治病 忌：入殮、除靈、火葬	子卯巳午	沖羊18 歲煞東	占門廁 外正北
13	日		廿九	庚寅	宜：開光、裁衣、合帳、安床、開市、掛匾、入殮、移柩、除靈、火葬、進金、安葬 忌：入宅、安香、嫁娶、動土、納畜	子卯辰巳	沖猴17 歲煞北	碓磨爐 外正北
14	一		三十	辛卯	受死又逢平日，宜事少取 日全食：食始亥時廿一點卅三分台灣不見，宜事照常	丑寅卯午	沖雞16 歲煞西	廚灶門 外正北
15	二		十一月初一	壬辰	宜：祈福、酬神、出行、訂婚、出火、動土、安床、入宅、安香、洽爐、掛匾、入殮、移柩、除靈、破土、火葬、進金、安葬 忌：嫁娶、開光	子辰巳午	沖狗15 歲煞南	倉庫栖 外正北

日期	16	17	18	19	20	21	22	23
星期	三	四	五	六	日	一	二	三
節日節氣						冬至		
農曆	十一月 初二	初三	初四	初五	初六	初七	初八	初九
干支	癸巳	甲午	乙未	丙申	丁酉	戊戌	己亥	庚子
每日宜忌	宜：開光、裁衣、合帳、嫁娶、安床 **忌：入宅、安香、開市、造船橋、入殮、除靈、火葬、進金**	宜：求醫治病、破屋壞垣 **月破大耗，宜事少取**	宜：祈福、酬神、開光、齋醮、裁衣、安床、入宅、安香、洽爐、入殮、移柩、除靈、火葬、進金、安葬 **忌：嫁娶、開市、安門**	宜：酬神、開光、齋醮、訂婚、嫁娶、出火、入宅、安香、洽爐、掛匾、入殮、移柩、除靈、火葬、進金、安葬、求醫治病 **忌：動土、出行、開市**	宜：入殮、除靈 **四離忌吉喜事，逢收日行喪亦不取**	宜：祈福、酬神、牧養、裁衣、動土、移柩、除靈、破土 **忌：開光、安床、嫁娶、入宅、安香、開市、入殮、火葬、進金**	宜：出行、裁衣、合帳、出火、動土、入宅 **忌：安床、造船橋、開刀、嫁娶、入殮、除靈、火葬、進金**	宜：給由教牛馬 **忌：開光、動土、入宅、安香、嫁娶、入殮、除靈、火葬**
每日吉時	卯辰巳午	丑卯巳午	子卯辰巳	子丑卯午	子辰巳午	寅卯巳午	子寅卯午	子卯辰巳
每日沖煞	**沖豬 14 歲煞東**	**沖鼠 13 歲煞北**	**沖牛 12 歲煞西**	**沖虎 11 歲煞南**	**沖兔 10 歲煞東**	**沖龍 9 歲煞北**	**沖蛇 8 歲煞西**	**沖馬 7 歲煞南**
每日胎神占方	占房床 房內北	占門碓 房內北	碓磨廁 房內北	廚灶爐 房內北	倉庫門 房內北	房床栖 房內南	占門床 房內南	占碓磨 房內南

31	30	29	28	27	26	25	24
四	三	二	一	日	六	五	四
十七	十六	十五	十四	十三	十二	十一	初十
戊申	丁未	丙午	乙巳	甲辰	癸卯	壬寅	辛丑
宜：祈福、酬神、出行、設醮、齋醮、裁衣、合帳、出火、安灶、入宅、安香、入殮、除靈 **忌：開光、嫁娶、開市、火葬、進金、安葬**	宜：祈福、酬神、出行、買車、開光、設醮、齋醮、動土、安床、入殮、移柩、除靈、火葬、進金、安葬 **忌：嫁娶、上官、求嗣、安門**	宜：破屋壞垣 **月破大耗，宜事不取**	宜：祈福、酬神、牧養、納畜、開光、設醮、裁衣、嫁娶、出火、動土、安灶、入宅、安香 **忌：出行、入殮、除靈、火葬、進金**	宜：酬神、出行、納畜、開光、齋醮、訂婚、嫁娶、出火、動土、安床、入宅、安香、掛匾、入殮、移柩、除靈、破土、火葬、進金、安葬 **忌：開市**	**受死逢重喪，吉喜喪事均不取**	宜：牧養、納畜、訂婚、裁衣、合帳、安床、開市、掛匾、入殮、移柩、除靈、火葬、進金、安葬、求醫治病 **忌：嫁娶**	宜：祈福、酬神、出行、買車、牧養、納畜、訂婚、裁衣、合帳、嫁娶、動土、安床、求醫治病 **忌：開市、入宅、安香、入殮、除靈、火葬、進金**
卯辰巳午	子辰巳午	丑寅卯午	子卯辰巳	子卯巳午	卯辰巳午	子辰巳午	丑寅卯午
沖虎59 歲煞南	**沖牛60 歲煞西**	**沖鼠1 歲煞北**	**沖豬2 歲煞東**	**沖狗3 歲煞南**	**沖雞4 歲煞西**	**沖猴5 歲煞北**	**沖羊6 歲煞東**
房床爐 房內東	倉庫廁 房內東	廚灶碓 房內東	碓磨床 房內東	門雞栖 房內東	房床門 房內南	倉庫爐 房內南	廚灶廁 房內南

二〇二二年國曆一月

日期	1	2	3	4	5	6	7
星期	五	六	日	一	二	三	四
節日節氣	元旦				小寒		
農曆	十一月 十八	十九	二十	廿一	廿二	廿三	廿四
干支	己酉	庚戌	辛亥	壬子	癸丑	甲寅	乙卯
每日宜忌	**是日凶星多吉星少，宜事不取**	宜：祈福、酬神、牧養、納畜、設齋醮、裁衣、動土、移柩、除靈、破土 **忌：開光、安床、入宅、嫁娶、入殮、火葬**	宜：裁衣、合帳、動土、安灶 **忌：嫁娶、安床、開刀、入殮、除靈、火葬**	宜：入殮、移柩、除靈、火葬、進金、安葬 **忌：動土、入宅、安香、嫁娶**	節前宜：祈福、酬神、出行、訂婚、嫁娶、出火、動土、安床、入宅、安香、掛匾、求醫治病 **節後：正紅紗，宜事不取**	宜：訂婚、裁衣、合帳、出火、動土、安床、入宅、洽爐、掛匾、入殮、移柩、除靈、破土、火葬、進金、安葬	宜：出行、買車、牧養、納畜、訂婚、裁衣、合帳、嫁娶、安床、開市、入殮、移柩、火葬、進金、安葬 **忌：入宅、安香、動土、除靈**
每日吉時	子寅巳午	子丑卯巳	丑寅卯午	子丑辰巳	寅卯巳午	子寅卯午	子丑卯巳
每日沖煞	**沖兔58 歲煞東**	**沖龍57 歲煞北**	**沖蛇56 歲煞西**	**沖馬55 歲煞南**	**沖羊54 歲煞東**	**沖猴53 歲煞北**	**沖雞52 歲煞西**
每日胎神占方	占大門外東北	碓磨栖外東北	廚灶床外東北	倉庫碓外東北	房床廁外東北	占門爐外東北	碓磨門外正東

15	14	13	12	11	10	9	8
五	四	三	二	一	日	六	五
初三	初二	十二月 初一	廿九	廿八	廿七	廿六	廿五
亥癸	戌壬	酉辛	申庚	未己	午戊	巳丁	辰丙
宜：開光、求醫治病 忌：安床、開市、嫁娶、入殮、除靈、火葬	宜：作灶 忌：開光、安床、開市、嫁娶、入殮、火葬	宜：入殮、移柩、除靈、破土、火葬、安葬 **受死忌吉喜事，惟行喪不忌**	宜：出行、買車、訂婚、裁衣、合帳、嫁娶、出火、動土、安灶、入宅、洽爐、開市、掛匾、入殮、移柩、除靈、破土、火葬、進金、安葬 忌：開刀	宜：破屋壞垣 **月破大耗，宜事不取**	宜：出行、裁衣、嫁娶、安床、入殮、移柩、除靈、火葬、進金、安葬 忌：開光、入宅、安香、動土、安門	**是日凶星多吉星少，宜事不取**	宜：裁衣、合帳 忌：開光、嫁娶、入宅、安香、入殮、火葬
寅卯辰午	子丑巳午	子丑寅午	丑卯辰巳	子卯巳午	寅卯辰巳	子辰巳午	子寅卯午
沖蛇44 歲煞西	**沖龍45 歲煞北**	**沖兔46 歲煞東**	**沖虎47 歲煞南**	**沖牛48 歲煞西**	**沖鼠49 歲煞北**	**沖豬50 歲煞東**	**沖狗51 歲煞南**
占房床 外東南	倉庫栖 外東南	廚灶門 外東南	碓磨爐 外東南	占門廁 外正東	房床碓 外正東	倉庫床 外正東	廚灶栖 外正東

日期	16	17	18	19	20	21	22
星期	六	日	一	二	三	四	五
節日節氣					大寒		
農曆	十二月初四	初五	初六	初七	初八	初九	初十
干支	甲子	乙丑	丙寅	丁卯	戊辰	己巳	庚午
每日宜忌	宜：祈福、酬神、牧養、納畜、齋醮、訂婚、裁衣、合帳、安床、安灶、入殮、移柩、除靈、火葬、進金、安葬 忌：入宅、安香、嫁娶、動土	**季月丑日謂正紅紗，宜事不取**	宜：出行、買車、訂婚、裁衣、嫁娶、安床、入宅、洽爐、移柩、除靈、火葬、進金、安葬、求醫治病 忌：開光、入殮、開市	宜：出行、買車、牧養、訂婚、裁衣、安床、開市、入殮、移柩、火葬、進金、安葬 忌：入宅、安香、嫁娶、動土、除靈	**是日凶星多吉星少，宜事不取**	宜：祈福、酬神、開光、設醮、訂婚、出火、安床、安灶、入宅、安香、掛匾 忌：嫁娶、開市、入殮、除靈、火葬、進金	宜：祈福、酬神、出行、牧養、納畜、齋醮、訂婚、裁衣、合帳、嫁娶、安床、掛匾、入殮、移柩、除靈、火葬、進金、安葬 忌：開光、入宅、安香
每日吉時	子丑 卯巳	寅卯 辰巳	子寅 卯午	子辰 巳午	寅卯 辰巳	子卯 巳午	丑卯 辰巳
每日沖煞	沖馬43 歲煞南	沖羊42 歲煞東	沖猴41 歲煞北	沖雞40 歲煞西	沖狗39 歲煞南	沖豬38 歲煞東	沖鼠37 歲煞北
每日胎神占方	占門碓 外東南	碓磨廁 外東南	廚灶爐 外正南	倉庫門 外正南	房床栖 外正南	占門床 外正南	占碓磨 外正南

日期	星期	農曆	干支	宜忌	吉時	沖煞	胎神
23	六	十一	辛未	**月破大耗，宜事不取**	子寅卯午	**沖牛36 歲煞西**	廚灶廁 外西南
24	日	十二	壬申	宜：出行、買車、開光、訂婚、嫁娶、開市、入殮、移柩、除靈、火葬、進金、安葬 **忌：**入宅、安香、開刀	子辰巳午	**沖虎35 歲煞南**	倉庫爐 外西南
25	一	十三	癸酉	宜：入殮、移柩、除靈、火葬 **受死忌吉喜事，惟行喪不忌**	寅辰巳午	**沖兔34 歲煞東**	房床門 外西南
26	二	十四	甲戌	宜：祈福、酬神、設醮、齋醮、裁衣、嫁娶、作灶、入殮、除靈 **忌：**開光、安床、開市、出行、入宅、安香、火葬	子丑卯午	**沖龍33 歲煞北**	門雞棲 外西南
27	三	十五	乙亥	宜：祈福、酬神、出行、買車、牧養、納畜、設醮、訂婚、裁衣、出火、安灶、入宅、安香、開市 **忌：**開光、嫁娶、入殮、火葬	子丑卯辰	**沖蛇32 歲煞西**	碓磨床 外西南
28	四	十六	丙子	宜：祈福、酬神、設醮、齋醮、裁衣、合帳、安床、入殮、移柩、除靈、火葬、進金、安葬 **忌：**入宅、安香、嫁娶、動土、開刀	子丑寅卯	**沖馬31 歲煞南**	廚灶碓 外西南
29	五	十七	丁丑	**季月逢丑日謂正紅紗，宜事不取**	子辰巳午	**沖羊30 歲煞東**	倉庫廁 外正西
30	六	十八	戊寅	宜：牧養、納畜、訂婚、裁衣、合帳、嫁娶、出火、安床、入宅、開市、掛匾、入殮、移柩、除靈、火葬、進金、安葬 **忌：**開光、上樑	寅卯辰巳	**沖猴29 歲煞北**	房床爐 外正西
31	日	十九	己卯	宜：訂婚、裁衣、合帳、嫁娶、安床 **忌：**入宅、安香、入殮、除靈、火葬	子卯巳午	**沖雞28 歲煞西**	占大門 外正西

二〇二一年國曆二月

日期	星期	節日節氣	農曆	干支	每日宜忌	每日吉時	每日沖煞	每日胎神占方
1	一		十二月二十	庚辰	宜：裁衣、合帳、嫁娶、安床 **忌：**入宅、安香、造船橋	子卯辰巳	**沖狗27 歲煞南**	碓磨栖 外正西
2	二		廿一	辛巳	**四絕逢重日，吉喜喪事均不取**	子寅卯午	**沖豬26 歲煞東**	廚灶床 外正西
3	三	立春	廿二	壬午	節前宜：酬神、設醮、齋醮、入殮、移柩、除靈、火葬、進金、安葬 **節後：**時間短促，用事取節前	丑辰巳午	**沖鼠25 歲煞北**	倉庫碓 外西北
4	四		廿三	癸未	宜：牧養、訂婚、入殮、移柩、火葬、進金、安葬 **忌：**入宅、安香、嫁娶、出行、開光、除靈	寅卯辰巳	**沖牛24 歲煞西**	房床廁 外西北
5	五		廿四	甲申	宜：破屋壞垣 **月破大耗，宜事不取**	子卯巳午	**沖虎23 歲煞南**	占門爐 外西北
6	六		廿五	乙酉	宜：祈福、酬神、出行、開光、齋醮、動土、入殮、移柩、除靈、破土、火葬 **忌：**入宅、安香、嫁娶、安床、開市	子丑辰巳	**沖兔22 歲煞東**	碓磨門 外西北
7	日		廿六	丙戌	宜：入殮、移柩、除靈、破土、火葬、安葬 **受死忌吉喜事，惟行喪不忌**	丑寅卯午	**沖龍21 歲煞北**	廚灶栖 外西北
8	一		廿七	丁亥	宜：祈福、酬神、出行、開光、訂婚、出火、動土、安床、入宅、安香 **忌：**開市、嫁娶、入殮、火葬、進金、安葬	子丑辰午	**沖蛇20 歲煞西**	倉庫床 外西北

9	10	11
二	三	四
		除夕
廿八	廿九	三十
戊子	己丑	庚寅
宜：祈福、酬神、開光、訂婚、裁衣、動土、開市、除靈、破土 忌：入宅、安香、嫁娶、安床、開刀	宜：祈福、酬神、裁衣、合帳、安床、安灶、入殮、除靈 忌：入宅、安香、嫁娶、開刀	宜：裁衣、合帳、入殮、除靈 忌：入宅、安香、開光、嫁娶、開市
寅卯 辰巳	子卯 巳午	子卯 辰巳
沖馬19 歲煞南	**沖羊18 歲煞東**	**沖猴17 歲煞北**
房床碓 外正北	占門廁 外正北	碓磨爐 外正北

一〇九庚子年百歲年齡生肖對照表

中國年號	日治紀元	西曆公元	六十甲子	生肖	年齡
民國十	大正十年	1921	辛酉	雞	100歲
民國十一	大正十一年	1922	壬戌	狗	99歲
民國十二	大正十二年	1923	癸亥	豬	98歲
民國十三	大正十三年	1924	甲子	鼠	97歲
民國十四	大正十四年	1925	乙丑	牛	96歲
民國十五	昭和一年	1926	丙寅	虎	95歲
民國十六	昭和二年	1927	丁卯	兔	94歲
民國十七	昭和三年	1928	戊辰	龍	93歲
民國十八	昭和四年	1929	己巳	蛇	92歲
民國十九	昭和五年	1930	庚午	馬	91歲
民國二十	昭和六年	1931	辛未	羊	90歲
民國廿一	昭和七年	1932	壬申	猴	89歲
民國廿二	昭和八年	1933	癸酉	雞	88歲
民國廿三	昭和九年	1934	甲戌	狗	87歲
民國廿四	昭和十年	1935	乙亥	豬	86歲
民國廿五	昭和十一年	1936	丙子	鼠	85歲
民國廿六	昭和十二年	1937	丁丑	牛	84歲
民國廿七	昭和十三年	1938	戊寅	虎	83歲
民國廿八	昭和十四年	1939	己卯	兔	82歲
民國廿九	昭和十五年	1940	庚辰	龍	81歲
民國三十	昭和十六年	1941	辛巳	蛇	80歲
民國卅一	昭和十七年	1942	壬午	馬	79歲
民國卅二	昭和十八年	1943	癸未	羊	78歲
民國卅三	昭和十九年	1944	甲申	猴	77歲
民國卅四	昭和二十年	1945	乙酉	雞	76歲
民國卅五		1946	丙戌	狗	75歲
民國卅六		1947	丁亥	豬	74歲
民國卅七		1948	戊子	鼠	73歲
民國卅八		1949	己丑	牛	72歲
民國卅九		1950	庚寅	虎	71歲
民國四十		1951	辛卯	兔	70歲
民國四一		1952	壬辰	龍	69歲
民國四二		1953	癸巳	蛇	68歲
民國四三		1954	甲午	馬	67歲
民國四四		1955	乙未	羊	66歲
民國四五		1956	丙申	猴	65歲
民國四六		1957	丁酉	雞	64歲
民國四七		1958	戊戌	狗	63歲
民國四八		1959	己亥	豬	62歲
民國四九		1960	庚子	鼠	61歲
民國五十		1961	辛丑	牛	60歲
民國五一		1962	壬寅	虎	59歲
民國五二		1963	癸卯	兔	58歲
民國五三		1964	甲辰	龍	57歲
民國五四		1965	乙巳	蛇	56歲
民國五五		1966	丙午	馬	55歲
民國五六		1967	丁未	羊	54歲
民國五七		1968	戊申	猴	53歲
民國五八		1969	己酉	雞	52歲
民國五九		1970	庚戌	狗	51歲
民國六十		1971	辛亥	豬	50歲
民國六一		1972	壬子	鼠	49歲
民國六二		1973	癸丑	牛	48歲
民國六三		1974	甲寅	虎	47歲
民國六四		1975	乙卯	兔	46歲
民國六五		1976	丙辰	龍	45歲
民國六六		1977	丁巳	蛇	44歲
民國六七		1978	戊午	馬	43歲
民國六八		1979	己未	羊	42歲
民國六九		1980	庚申	猴	41歲
民國七十		1981	辛酉	雞	40歲
民國七一		1982	壬戌	狗	39歲
民國七二		1983	癸亥	豬	38歲
民國七三		1984	甲子	鼠	37歲
民國七四		1985	乙丑	牛	36歲
民國七五		1986	丙寅	虎	35歲
民國七六		1987	丁卯	兔	34歲
民國七七		1988	戊辰	龍	33歲
民國七八		1989	己巳	蛇	32歲
民國七九		1990	庚午	馬	31歲
民國八十		1991	辛未	羊	30歲
民國八一		1992	壬申	猴	29歲
民國八二		1993	癸酉	雞	28歲
民國八三		1994	甲戌	狗	27歲
民國八四		1995	乙亥	豬	26歲
民國八五		1996	丙子	鼠	25歲
民國八六		1997	丁丑	牛	24歲
民國八七		1998	戊寅	虎	23歲
民國八八		1999	己卯	兔	22歲
民國八九		2000	庚辰	龍	21歲
民國九十		2001	辛巳	蛇	20歲
民國九一		2002	壬午	馬	19歲
民國九二		2003	癸未	羊	18歲
民國九三		2004	甲申	猴	17歲
民國九四		2005	乙酉	雞	16歲
民國九五		2006	丙戌	狗	15歲
民國九六		2007	丁亥	豬	14歲
民國九七		2008	戊子	鼠	13歲
民國九八		2009	己丑	牛	12歲
民國九九		2010	庚寅	虎	11歲
民國一〇〇		2011	辛卯	兔	10歲
民國一〇一		2012	壬辰	龍	9歲
民國一〇二		2013	癸巳	蛇	8歲
民國一〇三		2014	甲午	馬	7歲
民國一〇四		2015	乙未	羊	6歲
民國一〇五		2016	丙申	猴	5歲
民國一〇六		2017	丁酉	雞	4歲
民國一〇七		2018	戊戌	狗	3歲
民國一〇八		2019	己亥	豬	2歲
民國一〇九		2020	庚子	鼠	1歲

玩藝 86

詹惟中 2020 開運農民曆

獨創東方星座開運書，神預言再現，解析個人流年，找到自己的紫微密碼，
時來運轉，富貴好運迎金鼠！

作　　者—詹惟中
攝　　影—Rocky
髮　　型—廖佩汶
文字整理—莊樹昕
全書設計－楊雅屏
主　　編－汪婷婷
責任編輯—施穎芳
責任企劃－汪婷婷

總 編 輯—周湘琦
董 事 長—趙政岷
出 版 者—時報文化出版企業股份有限公司
10803 台北市和平西路三段 240 號 2 樓
發行專線—(02)2306-6842
讀者服務專線—0800-231-705 (02)2304-7103
讀者服務傳真—(02)2304-6858
郵撥—19344724 時報文化出版公司
信箱—台北郵政 79 ～ 99 信箱
時報悅讀網—http://www.readingtimes.com.tw
電子郵件信箱—books@readingtimes.com.tw
生活線臉書—https://www.facebook.com/ctgraphics
法律顧問— 理律法律事務所　陳長文律師、李念祖律師
印　　刷— 詠豐印刷有限公司
初版一刷— 2019 年 10 月 4 日
定　　價— 新台幣 380 元
（缺頁或破損的書，請寄回更換）

時報文化出版公司成立於一九七五年，
並於一九九九年股票上櫃公開發行，於二〇〇八年脫離中時集團非屬旺中，
以「尊重智慧與創意的文化事業」為信念。

詹惟中開運農民曆．2020：獨創東方星座開運書，神預言再現，解析個人流年，找到自己的紫微密碼，時來運轉，富貴好運迎金鼠！/ 詹惟中著．-- 初版．-- 臺北市：時報文化，2019.10
面；　公分．--（玩藝；86）
ISBN 978-957-13-7976-0（平裝）
1. 命書 2. 改運法
293.1　　108015926